C·H·Beck
PAPERBACK

Julia Onken

Im Garten der neuen Freiheiten

Ein Reiseführer für die späten Jahre

C.H.Beck

Das Gedicht «Auf Wolkenbürgschaft» von Hilde Domin
wurde mit freundlicher Genehmigung entnommen aus:
Hilde Domin, Sämtliche Gedichte.

Originalausgabe

Satz: Druckerei C.H.Beck, Nördlingen
Druck und Bindung: Pustet, Regensburg
Umschlaggestaltung: Geviert, Grafik & Typographie, Conny Hepting
Umschlagabbildung: © Bevan Goldswain/Shutterstock
Printed in Germany
ISBN 978 3 406 68422 7

www.beck.de
www.julia-onken.ch
www.generation-superior.ch

Inhalt

I

Die Entstehung der weiblichen Identität

Die Luft wird dünner

Wenn ich auf mein Leben zurückblicke, kann ich mir ein leises Schmunzeln nicht verkneifen. Es kommt mir dann vor, als beobachtete ich eine jüngere Schwester, wie sie sich zwar durchaus ernsthaft und engagiert mit weiblichen Themen auseinandersetzt, stets im Glauben und mit der Überzeugung, die zentralen Aspekte des weiblichen Daseins zu untersuchen und zu beschreiben. Aus meiner heutigen Perspektive muss ich jedoch einräumen, dabei einiges übersehen zu haben. Da ich mich jeweils vor allem auf jene Altersphase konzentrierte, die ich gerade selbst zu überstehen hatte, gerieten andere Belange etwas in den Hintergrund.

Als ich mit vierzig Jahren unvorbereitet in die Wechseljahre hineinschlitterte und mir die damals zur Verfügung stehende Literatur keinerlei Orientierung zu geben vermochte, geriet ich in eine veritable Krise. Die vorwiegend männlichen Ratgeber waren für mich ungenießbar, mehr noch, anmaßend und kränkend. So war 1972 beim amerikanischen Sex-Spezialisten David Reuben über die Frauen in den Wechseljahren zu lesen: «Ihre Eierstöcke überlebt zu haben, bedeutet vielleicht wirklich, dass sie ihre Nützlichkeit als menschliches Wesen überlebt haben. Die restlichen Jahre sind für sie vielleicht nur ein Auf-der-Stelle-Treten, bis sie ihren Drüsen in die Vergangenheit nachfolgen.» Auch der Altmeister der Psychoanalyse, Sigmund Freud, wusste nicht sehr viel Gescheiteres von sich zu geben: «Es ist bekannt, dass die

Frauen, nachdem sie ihre Genitalfunktion aufgegeben haben, ihren Charakter in eigentümlicher Weise verändern. Sie werden zänkisch, quälerisch, rechthaberisch, kleinlich und geizig.» Ich war nicht bereit, dies unwidersprochen hinzunehmen, und wusste intuitiv, dass diese Aussagen falsch waren. Die Jahre der hormonellen Umstellung wurden durchweg als Zeit der Abdankung propagiert; dabei weist ja der Begriff Wechseljahre deutlich darauf hin, dass es sich um einen Wechsel und weder um eine Krankheit noch um einen Defekt handelt.

In der ersten Etappe meiner Überlegungen landete ich bei der für mich wichtigen Erkenntnis: Wenn es die Wechseljahre gibt, dann haben sie einen Sinn. Es ging also nur darum, nach dem Sinn zu fahnden, die Sinnhaftigkeit herauszuarbeiten und somit den Schwachsinn möglichst rasch zu vergessen. Mein erstes Buch *Feuerzeichenfrau* schrieb ich beinahe wie in Trance, jeweils morgens zwischen 6.00 und 8.30 Uhr. Um 9 Uhr stand der erste Patient auf der Matte meiner Praxis. Nach dem Erscheinen des Buches erreichten mich zahlreiche Briefe (damals noch per Post), die mir zeigten, dass es viele Frauen gab, die genauso fühlten wie ich, die nicht bereit waren, die weibliche Daseinsform als einen Schöpfungsunfall hinzunehmen, der von menschlicher Intelligenz via Schulmedizin abgemildert oder gar korrigiert werden musste. Viele Frauen schrieben mir. «Ich denke wie du, aber ich hatte noch keine Worte dafür.»

Damals ging ich davon aus, dass mir die gewonnenen Erkenntnisse für den Rest des Lebens ausreichen würden, und ich war eigentlich rundum zufrieden. Ich hatte die Zeit des Wechsels als eine Zeit des Umbruchs begriffen und weigerte mich fortan, Wechseljahre als Krankheit zu sehen, die es zu bewirtschaften und medizinisch zu versorgen gilt. Vielmehr verstand ich sie als Auftakt einer neuen Lebensphase und einen schöpferischen Neubeginn.

Irgendwann näherte ich mich dem sechzigsten Geburtstag. Sechzig fühlt sich anders an als fünfundfünfzig, sechzig läutet definitiv die graue Zeit des Seniorendaseins ein, so dachte ich nicht ohne Beklemmung. Mit der Bezeichnung Seniorin wollte ich mich denn auch nicht abfinden. Als meine Bank – bei der ich seit meiner Jugend finanziell untergebracht bin – mein Konto in ein Seniorenkonto umbenannte, drohte ich, unverzüglich das Finanzinstitut zu wechseln (was für die Großbank weniger als einen geringfügigen Verlust bedeutet hätte), falls sie nicht bereit wären, dieses verhasste Wort zu streichen. Kurzum, ich tat mich schwer damit, meine Lebensphase mit einem Begriff stigmatisieren zu lassen, der nichts Gutes erahnen ließ und überhaupt nichts mit meiner Befindlichkeit zu tun hatte. Ganz im Gegenteil fühlte ich mich äußerst vital und so leistungsfreudig wie nie zuvor. Ich beobachtete Menschen gleichen Alters in meiner Umgebung und stellte fest, dass sie in ihrer Lebensführung von der Vorbereitung auf ein mausgraues Rentnerdasein weit entfernt waren. «Logisch», entgegnete ein besonders einfühlsamer Bekannter. «Wir können auch in der Natur beobachten, wie Tannenbäume kurz vor dem Absterben nochmals winzige Tannzäpfchen produzieren.» Wenn mich etwas besonders stark ärgert, reagiere ich eher selten mit Resignation, sondern rüste zum Gegenangriff. Gut, dachte ich trotzig, dann eben auf zu den letzten Zäpfchen. Und so griff ich erneut zur Feder. Zuerst nahm ich meine Altersgruppe und mich genau unter die Lupe, um zu prüfen, ob dieses Aufbäumen tatsächlich die letzten Zuckungen sein sollten, räumte aber immerhin die Möglichkeit einer Selbsttäuschung ein. Ich begann mich in wissenschaftliche Literatur über das Alter zu vertiefen, las Studien, nahm Forschungsergebnisse zur Kenntnis und kam zu dem Schluss, nein, es müssen nicht Manifestationen von letzten, sich aufbäumenden Energiestößen sein, sondern die Transformation freigewordener Kräfte sorgt nochmals für einen Schub und öffnet den Blick für neue Dimensionen. Und nachdem ich noch gelesen hatte, dass der größte Teil kultureller und auch wirtschaftlicher Leistungen von Menschen jenseits der sechzig erbracht werden, war für mich die Sache klar, ich hatte mich nicht getäuscht. Dann schrieb ich das Buch *Altweibersommer.* Und wieder ging ich davon aus, alles, was ich zu sagen hatte, nun gesagt zu haben. Mit einem großen Geburtstagsfest auf dem See, an dem ich wohne, mit Hundertschaften von Frauen und einigen wenigen Männern feierte ich diesen Tag. Und somit war das Thema Alter für mich erledigt.

Dann aber, mit dem siebzigsten Geburtstag, geriet ich nochmals in eine ernsthafte Krise. Es gab kein Fest, es gab ja nichts zu feiern. Ich verkroch mich bei meiner Freundin in ihrem Landhaus in Frankreich, um dort im engsten Freundeskreis und in stiller Trauer (wie es oft auf Todesanzeigen steht) meiner eigenen Abdankung beizuwohnen. Es wollte dann aber doch keine richtige Trauerstimmung aufkommen. Meine Freunde – ebenfalls längst über siebzig – waren äußerst vergnügt und gaben sich den gebotenen kulinarischen Köstlichkeiten unbekümmert hin. Wieder zurück in der Schweiz, wurde ich jedoch vom Verkehrsamt aufgefordert, mich einer ärztlichen Untersuchung zu stellen, um abzuklären, ob ich aufgrund meines hohen Alters überhaupt noch in der Lage sei, ein Fahrzeug zu führen. Alle, die das siebzigste Altersjahr erreicht haben, müssen dort antraben und unter Beweis stellen, dass die Verkalkung noch keinen gravierenden Schaden angerichtet hat. Die Regierung der Schweiz nimmt es mit einer flächendeckenden Verkehrsgefahr, die von über Siebzigjährigen ausgehen könnte, sehr genau. Ich ging unbeschwert zum Termin, hatte ich mir doch inzwischen meine Lebensfreude wieder einigermaßen zurückerobert. Um die Zeit im Wartezimmer sinnvoll zu nutzen, nahm ich meinen Laptop mit, weil ich gerade dabei war, einen neuen Lehrgang für die Ausbildung von

Schreibpädagoginnen zu entwickeln – eine so anspruchsvolle wie auch erfüllende Beschäftigung. Als die Reihe an mir war, stieg ich von den interessanten und vitalisierenden Denkprozessen auf das schlichte Niveau der Kommunikation ab, das mir der Arzt anbot. Er fragte freundlich und in betulicher Redeweise (etwas langsamer und lauter, wie man eben mit alten Leuten spricht), ob ich noch in der Lage sei, mich auf den am Boden aufgezeichneten geraden Strichen vorwärtszubewegen. Was soll das, dachte ich und gab zu bedenken: Ich komme soeben aus einer denkerischen Hochleistungsübung, und Sie wollen mich mit Kindergartenkram beschäftigen! Es folgte sodann ein Disput zwischen Patientin und Arzt über Sinn und Unsinn derartiger Untersuchungen, wobei sich der Arzt im Laufe unseres heftigen Disputs eher der zweiten Definition zugeneigt zeigte. Nachdem er mir die medizinische Unbedenklichkeitsbescheinigung über meine derzeitige Zurechnungsfähigkeit ausgestellt hatte, war der Ärger rasch verflogen. Und auch wieder vergessen.

Es dauerte nur wenige Tage, da wurde ich nochmals mit der Tatsache konfrontiert, dass sich das Leben mit siebzig mit einem Schlag gravierend verändern kann. Als ich nach einem Vortrag nachts nach Hause fuhr, prallte auf einer Autobahneinfahrt ein anderes Fahrzeug auf meines auf. Obwohl es ziemlich knallte, blieb ich gelassen. Ich war so weit wohlauf, mein Fahrzeug allerdings war stark demoliert, an eine Weiterfahrt nicht zu denken. Dem anderen Auto entstiegen vier sehr junge Männer, der Fahrer wohl erst um die zwanzig. Rasch war klar, dass auch sie keinen Schaden erlitten hatten. Es war eine laue Sommernacht, sternenklar der Himmel über mir, ich setzte mich auf einen vom Sonnentag gewärmten Stein am Straßenrand, sandte einen Dankesgruß gen Himmel und hing meinen Gedanken nach. Es würde nun einige Formalitäten zu erledigen geben, mein Mann würde mich mit seinem Auto abholen, meines würde zur Reparatur abtransportiert, es gab also keinen Grund zu großer Aufregung, alles war noch einmal gut gegangen. Die vier jungen Männer indessen, die sich in einiger Entfernung von mir befanden, diskutierten und gestikulierten hektisch miteinander, der eine oder andere telefonierte mit seinem Handy, und ich verstand die Welt nicht mehr. Was gab es da noch zu diskutieren? Die Rechtslage konnte doch klarer nicht sein! Doch nach einigen Minuten kam der Fahrer auf mich zu und sagte: «Sie wissen, dass Sie schuld sind, Sie hatten kein Licht!» Als ich dies heftig bestritt, zeigte er auf seine drei Mitfahrer und setzte mit Nachdruck die Worte hinzu: «Meine Kumpel werden das bezeugen.» Ich begriff blitzartig, da wollte man versuchen, mich zu beschuldigen und mir einen falschen Tatbestand unterzuschieben, schließlich bin ich alt und bei alten Leuten weiß man ja nie. Die meinen zwar, sie hätten das Licht eingeschaltet, aber vergessen gleich auch wieder alles. Der Polizist kam mir zu Hilfe, wies darauf hin, dass ich ja kurz zuvor die nahe Grenze passiert hatte, da werde alles aufgezeichnet, er hole sich ein Foto.

Die wenigen Minuten, die vergingen, bis er mit dem für mich entlastenden Beweisfoto zurück war, haben nochmals meine Welt auf den Kopf gestellt. Vor allem wurde mir eines klar: Die Bilder und Vorstellungen über Menschen jenseits der Pensionsgrenze sind ein Konglomerat von Horrorvisionen, die in zahlreichen Kränkungen gipfeln. Einmal mehr also höchste Zeit, gegen falsche Annahmen anzugehen, nach ihren Voraussetzungen und Hintergedanken zu fragen und sie richtigzustellen, wo immer das möglich ist. Wie heißt es doch beim Philosophen Kant? «Habe Mut, dich deines eigenen Verstandes zu bedienen.» Genau das ist stets meine Absicht, so auch in diesem Buch. Ich untersuche selbst die späten Jahre, spreche mit anderen Menschen in meinem Alter, ziehe die Fachliteratur zu Rate. Vor allem aber folge ich wieder meiner eigenen Gedankenspur, die mich bereits in den Wechseljahren davor bewahrt hat, der damals geltenden Meinung zu folgen. Und so werde ich schließlich meinen eigenen Weg finden.

Gehypt wie getippt?

Wer sich gezielt mit dem Thema Älterwerden auseinandersetzen will, begegnet einer kaum übersehbaren Vielfalt von Angeboten, die eher verwirren als Orientierung geben. Da ist einmal das weit verbreitete Bild, Alter habe vor allem etwas mit Krankheit, mit Versehrung, mit Abbau und Demenz zu tun. In dieser Hinsicht gibt es unzählige, völlig unterschiedliche Konzepte und Ratschläge, wie das Alter am besten zu bestehen oder gar zu überstehen sei. Zudem hat sich ein neuer lukrativer Markt entwickelt, der systematisch die Zielgruppe sechzig plus ins Visier nimmt und sie mit sämtlichen nur denkbaren Krankheiten bestückt, die eventuell zu erwarten sind, die aber – falls rechtzeitig dagegen angegangen wird – vermieden werden können. Von Apotheken, Drogerien und Vertreibern im Internet wird ein gespenstisches Sammelsurium von heilbringenden Produkten gegen das Alter – letztlich gegen die Vergänglichkeit – angepriesen. Die Industrie hat die neue Zielgruppe der Alten (vor allem des finanzstarken Teils von ihnen) entdeckt und zockt und melkt, lockt und verheißt, verspricht und verkündet, was das Zeug hält. Es ist das Gegenteil von Innehalten, von Selbstdenken, von der Bereitschaft, die Realität mit in die eigenen Überlegungen einzubeziehen. Die Ideologie ewiger Jugendlichkeit besetzt wirksam jede Hirnzelle und hat sich mit der Idee der uneingeschränkten Machbarkeit verbündet.

Auch hier kommen wir jedoch nicht darum herum, die unterschiedlichen Lebenssituationen von Mann und Frau zur

Kenntnis zu nehmen. Was die Möglichkeit der Lebensgestaltung betrifft, gibt es in der Tat nach wie vor gravierende Unterschiede zwischen den Geschlechtern. Um eine Ahnung davon zu bekommen, braucht man bloß einmal die Prominentenbücher der letzten Zeit Revue passieren zu lassen, die vom Altern handeln. Das hat mit der Qualität nichts zu tun; die Bücher sind in der Regel aus der Perspektive der eigenen Erlebnisse und Überlegungen geschrieben, vermitteln Denkanstöße und tragen dazu bei, neue Bilder von den späten Jahren zu zeichnen. Bereits bei der Wahl des Titels fällt jedoch auf, dass männliche und weibliche Autoren jeweils aus geschlechtsspezifischen Perspektiven heraus schreiben. *Altern wie ein Gentleman* heißt es zum Beispiel bei Sven Kunze, *Wer nach vorne schaut, bleibt länger jung* bei Henning Scherf oder *Älterwerden ist nichts für Feiglinge* bzw. *Zielgerade* beim im Alter von 87 Jahren verstorbenen Joachim Fuchsberger. Die Buchtitel appellieren ganz eindeutig an die Widerstandskraft des Mannes, der sich nicht unterkriegen lassen, sondern heldenhaft den Jahren, die da kommen werden, die Stirn bieten soll. Sven Kunze schreibt in seinem Buch: «Wer ins Alter kommt, benötigt den Abwehrmechanismus der Verdrängung mehr denn je. Die Vielzahl der drohenden Verluste und Beschädigungen, die in unterschiedlichen Mischungsverhältnissen keinem von uns erspart bleiben, wäre bei ständiger Präsenz in unserem Bewusstsein schwer zu ertragen. Wir wissen zwar, was auf uns zukommen kann, und kennen die geringen Chancen, dem zu entrinnen, aber wir verdrängen gottlob die drohenden Gefahren stets aufs Neue.»

Bei Autorinnen werden hingegen andere Saiten angeschlagen. Ruth Maria Kubitschek beispielsweise spricht davon, dass es vor allem darum gehe, «anmutig älter zu werden». Erika Pluhar wirft einen poetischen Blick auf diese Zeit und titelt schlicht und deskriptiv *Spätes Tagebuch*. Mit dem Buch *Wir wilden weisen Frauen* schlägt die Autorin Renate Daimler eine Brücke vom Wilden, im Sinne unserer Urnatur, zur Weisheit. Schön, dass sie die menschliche Tugend der Weisheit auch in der weiblichen Natur gut aufgehoben sieht. Ingrid Riedel lädt in ihrem Buch *Die innere Freiheit des Alterns* Leserinnen und Leser zu einem Leben ohne Warum in der Gelassenheit des Alters ein. Autorinnen rufen nicht zum Kampf auf, es geht ihnen um den Versuch, sich mit der neuen Altersphase anzufreunden, die gesamte Lebensspanne in den Blick zu nehmen und aus dieser Haltung heraus einen Zugang zur Gestaltung der späten Jahre zu finden. Schon vor vielen Jahren schrieb Simone de Beauvoir in ihrem Buch *Das Alter:* «Wollen wir vermeiden, dass das Alter zur kritischen Parodie unserer früheren Existenz wird, so gibt es nur eine einzige Lösung, nämlich weiterhin Ziele zu verfolgen, die unserem Leben einen Sinn verleihen: das hingebungsvolle Tätigsein für Einzelne, für Gruppen oder für eine Sache, Sozialarbeit, politische, geistige oder schöpferische Arbeiten. Im Gegensatz zu den Empfehlungen der Moralisten muss man sich wünschen, auch noch im hohen Alter starke Leidenschaften zu haben, die es uns ersparen, dass wir uns nur mit uns selbst beschäftigen. Überleben behält einen Wert, solange man durch Liebe, Freundschaft oder Mitgefühl am Leben der anderen teilnimmt. Dann bleiben auch Gründe, zu handeln oder zu sprechen.»

Der Mann steht also auch in den späten Jahren seinen Mann, schreitet aktiv nach vorn, wenn es sein muss mit Mut, ja, mit Heldenpathos, flieht vor den Unbilden des Alters nicht wie ein Feigling, sondern bietet ihnen wie ein Gentleman die Stirn. Bei der Frau stehen andere Qualitäten im Vordergrund, da ist die Anmut, die es zu bewahren gilt, der späte Blick auf gelebtes Leben, da geht es um die Erhaltung von Leidenschaften, um Freundschaft, Liebe und Mitgefühl. Aber auch von der Zuwendung zu sich selbst ist die Rede, vom freundschaftlichen Umgang mit sich. Da zeigen sich andere Lebensdimensionen, die es zu erforschen gilt, und das ganze Unterfangen zielt in eine andere Richtung, der des Einverständnisses mit sich selbst, weit entfernt von jeder kämpferischen Attitüde. Die Reflexionen aus weiblicher Feder handeln dabei keineswegs nur davon, Pirouetten um sich selbst zu drehen, sondern zielen immer auch über die eigenen Grenzen hinaus, in einen größeren, weiteren und vertieften Lebenszusammenhang.

Wir wollen jedoch nicht das eine gegen das andere ausspielen, wie dies oft in Diskussionen um die Geschlechterdifferenz der Fall ist, sondern den Blick für die Phase des Älterwerdens so schärfen, dass die eigentlichen Probleme besser verstanden werden können.

Beiden Geschlechtern gemeinsam ist unzweifelhaft die Herausforderung, sich mit Veränderungen und Lebensübergängen auseinandersetzen zu müssen, ebenso die Aufgabe, die veränderten Gegebenheiten zu akzeptieren und schließlich zu meistern. Das sind zum Teil für Männer wie für Frauen sperrige Brocken, gewaltige Hürden, die es zu überwinden gilt, und nicht selten wird dies als etwas beinahe Unzumutbares empfunden.

Wenn ich hier den Blick vorwiegend auf die Lebenswirklichkeit der Frau richte, dann deshalb, weil ich weiß, wovon ich spreche. Auf der einen Seite erfahre ich selbst das Älterwerden an Leib und Seele, zudem bin ich ständig mit Frauen im Gespräch, begleite sie – gelegentlich auch durch unwegsames Gebiet, das ich meist aus eigenem Erleben kenne. Das heißt aber nicht, dass ich die Lernleistung, die das Älterwerden dem Manne abverlangt, geringer einschätze als das, was Frauen zu bewältigen haben. Aber der männliche Weg ist eben ein anderer; ich habe größten Respekt davor und maße mir deshalb nicht an, ihn zu qualifizieren. Wenn ich dennoch gelegentlich die männliche Seite einblende, dann stets aus der Perspektive und dem Erleben der Frau. Viele Kränkungen und Demütigungen, die Frauen im Alterungsprozess erleben, stehen mit der Partnerbeziehung oder dem Umgang mit dem anderen Geschlecht in direktem Zusammenhang.

Der männliche Lebensentwurf scheint auf den ersten Blick etwas milder gestaltet zu sein als der weibliche. Männer werden in der Gesellschaft kaum diskriminiert – im Gegensatz zu Frauen. Männer können ihre Berufskarriere in der Regel ohne Unterbrechung durchziehen, während sich Frauen mit Geburten, Kinderzeit, Wiedereinstieg und Teilzeitarbeit arrangieren müssen. Da inzwischen die Hälfte aller Ehen wieder geschieden werden, leben viele Alleinerziehende tatsächlich allein. Einen neuen Partner zu finden ist mit «Anhang» viel schwerer als für den Mann, der häufig spätestens zwei Monate nach einer Trennung wieder in einer neuen Beziehung ist. So können Männer auch ohne weiteres ein zweites oder drittes Mal ihre persönliche Lebenssituation neu vermessen und von vorne beginnen, sie gründen einfach nochmals eine neue Familie und zeugen erneut Kinder. Anders bei Frauen. Die biologische Situation macht der Frau definitiv einen Strich durch die Rechnung, da kann sie sich noch so oft vorbeten, man sei schließlich so alt, wie man sich fühle. Wenn eine Frau die Lebensmitte überschritten hat, gibt es kein Zurück, keinen Neuanfang, da geht es vor allem darum, Begonnenes auf irgendeine intelligente Weise weiterzuführen und so zu gestalten, dass es einigermaßen befriedigend wird.

Für viele Frauen steht eine Liebesbeziehung im Mittelpunkt ihres Erlebens, sie unternehmen alles, was in ihren Möglichkeiten steht, um dem Liebesglück die Türe offenzuhalten. So ist eine Frau nicht selten bereit, dafür auch beschwerliche Konstellationen in Kauf zu nehmen, sie verzichtet wie selbstverständlich auf Annehmlichkeiten, Entbehrungen gehören zum Tagesablauf, immer ist sie auf den Erhalt des «Liebesglücks» bedacht. Selbst wenn sie in der Partnerschaft gekränkt und erniedrigt werden, ziehen es dennoch viele Frauen vor, in eine Art Duldungsstarre zu verfallen, statt sich aus der Situation zu befreien. Eine Frau kann beruflich noch so erfolgreich sein, sie kann sogar eine beachtliche Karriere hinlegen, dennoch wird sie ihre Aktivitäten möglichst handlich um das Lebenszentrum Beziehung herumdrapieren und Störfelder kleinhalten. Wenn Frauen im Beruf erfolgreich, aber in der Liebesbeziehung unglücklich sind, überschattet dies den Erfolg empfindlich und überträgt sich auf das Lebensgefühl. Die meisten Frauen wollen lieben und rundum wieder geliebt werden. Wird dieser Anspruch einigermaßen erfüllt, ist ihr Leben so gut wie in Ordnung.

Und genau an dieser Schnittstelle liegt für die Frau das Problem. Für viele hängt ihr Wohlbefinden davon ab, ob sie geliebt, bewundert und wertgeschätzt werden: Ich werde begehrt, also bin ich. Diese Formel spannt sich wie ein Regenbogen über das weibliche Dasein, ist Lebenselixier und vitalisierendes Element. Mit dem Älterwerden schleicht sich allmählich ein neuer Modus ein, der zunächst kaum zur Kenntnis genommen wird: Die anerkennenden Blicke werden seltener, bis sie schließlich ganz ausbleiben und wir als irgendwie geschlechtslose Wesen im Niemandsland gestrandet sind. Es ist ein bitterer Weg, gepflastert mit zahlreichen Enttäuschungen und Kränkungen. Und auch in durchaus stabilen Partnerschaften wird der einst wohltuende Glanz in den Augen des Partners etwas matter, ein Glanz, der sich vielleicht in der Begegnung mit einer anderen Frau – einer jüngeren! – nochmals einstellt. Durchaus gutgemeinte Ermahnungen wie die, es komme schließlich auf die inneren Werte an, vermögen nicht wirklich zu trösten. Das Äußere verändert sich, der einst voll erblühte Zustand weicht allmählich dem des Verwelkens. Frauen jenseits der Lebensmitte werden kaum noch anhand ihrer körperlichen Attraktivität wahrgenommen, im Gegenteil, einige berichten vom kränkenden Zustand des Unsichtbarwerdens.

Die Empfehlung mancher Ratgeber, nochmals in schriller

Inszenierung demonstrativ auf den Putz zu hauen, zu zeigen: «Hallo, schaut her, ich bin auch noch da!», ist eher ein Zeugnis von nicht zu überbietender Peinlichkeit als ein gangbarer Ausweg aus der Kränkung. Die Aufforderung von Autorinnen, die Gesellschaft solle schleunigst umdenken, älteren Frauen weiterhin erotische Attraktivität zugestehen und ihnen vor allem auch in der Medienlandschaft vermehrt Beachtung zollen, ist Ausdruck eines ziemlich naiven soziologischen Irrtums, Menschen per Diktat in ihren Einstellungen verändern zu können. Solche Impulse bleiben deshalb völlig wirkungslos.

Was aber ist zu tun, damit schließlich nicht die Falle der Hoffnungslosigkeit und Resignation zuschnappt? Wie den Fallstricken entkommen, die in allen Lebensbereichen ausgelegt sind und deren Anzahl sich mit zunehmendem Alter vermehrt? Wo sind die klugen Reisebegleiter, die uns an die Hand nehmen und uns freundschaftlich durch die unbekannte Landschaft der späten Jahre führen?

Um es gleich vorwegzunehmen: Ich weiß es auch nicht. Aber ich bin davon überzeugt, dass es viele Hinweise gibt, die uns hilfreich und unterstützend davor bewahren, in eine Richtung zu gehen, wo wir im Eldorado von Schießbuden, dröhnend durcheinandergeratenen Rhythmen und wilder Leuchtreklamen landen.

«Vom Denken gehen die Dinge aus. Alles ist denkgeboren, denkgefügt.» Diese buddhistische Weisheit, die bereits 400 Jahre vor Jesus entstanden ist und inzwischen vielen Menschen bei der Bewältigung ihres Lebens wegweisend zur Seite stand, ist ein verlässlicher Wink. Es geht also darum, denkend sämtliche seelischen Landstriche zu erforschen, gründlich nachzudenken, zuweilen auch gegen den Strom der allgemeinen Meinung zu schwimmen, querzudenken, einen Gedanken von allen Seiten zu betrachten, sich Unangenehmes so lange vorzuknüpfen, bis es den darin verborgenen Sinn freigibt. Und weil Denken immer mit Sprache einhergeht, alles zu benennen, vor keinem Wort zurückzuschrecken und keine Dinge im Nebel des nicht Benannten zu belassen. Wer keine Sprache für innere Prozesse zur Verfügung hat, ist diesen letztlich hilflos ausgeliefert, er ist manipulierbar, aus dem Hinterhalt lenkbar und schließlich verführbar. Wer hingegen Worte für das findet, was im Innern erlebt wird, hat ein hervorragendes Instrument, um damit umzugehen und es zu gestalten. Nicht ohne Grund steht im Zentrum einer Psychotherapie immer die Anstrengung, präzise Worte für die Erlebnisinhalte zu finden, um schließlich über das Wort sich selbst zu begreifen. Ohne die exakte Benennung ist es nicht möglich, sich mit seinem inneren Prozess auseinanderzusetzen.

Nennen wir es also beim Namen: Für viele Frauen nach der Lebensmitte beginnt ein unbewusster Kampf gegen die Vergänglichkeit, genauer gesagt, gegen das Verblühen ihrer körperlichen Schönheit. Das eigentliche Problem daran ist, dass dieser Kampf permanente Anstrengung bedeutet und die Pforte zu einem guten Einvernehmen mit sich selbst verschließt. Sollte es denn nicht gerade in den fortgesetzten Jahren zu einem guten Einverständnis mit sich und dem eigenen Leben kommen? Damit die vielleicht noch zahlreich vor einem liegenden Jahre eine gute Zeit der Einkehr bei sich werden können, ein behagliches Wohnen bei sich selbst.

Da gibt es wohl nur eine Möglichkeit: sich auf die eigenen Denkprozesse einzulassen, zu beobachten, zu analysieren, zu benennen, Forscherin in eigener Sache zu werden, um zu verstehen und daraus ein eigenes Konzept zu entwickeln.

Ich werde einige mögliche Reiserouten beschreiben, die als Inspiration oder als Impulse zu verstehen sind. Jedenfalls führen sie aus dem endlosen Kreislauf von Täuschungen und Luftnummern heraus und inspirieren zur Suche nach dem eigenen Weg.

Alles hat seine Zeit

Bei allen Frauen ist das Nachlassen der körperlichen Schönheit eine Tragödie von besonderem Ausmaß. Wer kennt nicht dieses Gefühl: Wir sitzen ganz zufrieden beim Friseur, blättern genüsslich im Boulevardteil, lesen über Prominente die eine oder andere Klatschgeschichte, bis wir vielleicht ganz ungewollt einen Blick in den Spiegel werfen und dem Friseur, wie die Marschallin im *Rosenkavalier*, empört und entsetzt ins Gesicht schreien:

> Hippolyte, heut haben Sie ein altes Weib aus mir gemacht!

Natürlich verhalten wird uns eher bedeckt, bezahlen für die Behandlung und verlassen tapfer den Salon. Dann versuchen wir uns abzulenken, vielleicht kaufen wir noch Schuhe, um den seelischen Schmerz zu mildern, vielleicht zerstreuen wir uns mit anderem, treffen Freunde, klatschen über dies und jenes – bis sich der Schmerz wieder beruhigt hat und verfliegt. Wir schwören uns, diesen Friseursalon, in welchem wir derart verschandelt wurden, nie mehr zu betreten. Aber nach weiteren Versuchen kann es sein, dass es uns allmählich dämmert – und wir beginnen nachzudenken.

Die Marschallin singt am Morgen, nachdem sie eine Nacht mit ihrem viel jüngeren Liebhaber verbracht hat, sehr treffend:

> … mir ist zumut,
> dass ich die Schwäche von allem Zeitlichen recht spüren muss,
> bis in mein Herz hinein:
> wie man nichts halten soll,
> wie man nichts packen kann.
> Wie alles zerläuft zwischen den Fingern,

wie alles sich auflöst, wonach wir greifen,
alles zergeht, wie Dunst und Traum.

Ihr Geliebter Octavian ist angesichts dieser Worte erschüttert, versteht nicht, die Marschallin erklärt:

Die Zeit im Grund, Quinquin, die Zeit,
die ändert doch nichts an den Sachen.
Die Zeit, die ist ein sonderbares Ding.
Wenn man so hinlebt, ist sie rein gar nichts.
Aber dann auf einmal,
da spürt man nichts als sie.
Sie ist um uns herum, sie ist auch in uns drinnen.
In den Gesichtern rieselt sie, im Spiegel da rieselt sie,
in meinen Schläfen fließt sie.
Und zwischen mir und dir da fließt sie wieder.
Lautlos, wie eine Sanduhr.
Manchmal hör ich sie fließen unaufhaltsam.
Manchmal steh ich auf, mitten in der Nacht
Und lass die Uhren alle stehen.

Eine 64-jährige erfolgreiche Rechtsanwältin, alleinlebend, die gerne wieder eine neue Beziehung eingehen möchte, sagte resigniert, aber tapfer: «Wenn ich in den Spiegel schaue, weiß ich, meine Zeit ist um, ich bin für einen Mann nicht mehr zumutbar.» Das sind harte Worte. Täuscht sie sich oder hat sie vielleicht Recht? Würde je ein älterer Herr einen solchen Satz über sich selbst sagen? Wohl kaum. Darin offenbart sich der Unterschied von Mann und Frau in seiner ganzen Härte. Zugleich zeigt sich das Thema, das oft verschwiegen wird, gleichwohl für viele Frauen im Vordergrund steht: der allmähliche Verlust körperlicher Schönheit.

Wie kommt eine intelligente Frau dazu, davon überzeugt zu

sein, mit 64 Jahren für einen Mann nicht mehr zumutbar zu sein? Rebecca gehört nicht zu den Frauen, die den ganzen Tag vor dem Spiegel stehen und ihren Selbstwert aus der bewundernden Resonanz beziehen, die zu erzeugen sie in der Lage sind. Im Gegenteil. Sie setzt auf ihre Kompetenz als Juristin, hat eine beachtliche Karriere hingelegt und immerhin eine Scheidung nach neunzehn Ehejahren ohne allzu große Blessuren überstanden – was ja nicht selbstverständlich ist. Sie ist Mutter eines Sohnes und zweifache Großmutter, hat einen seit vielen Jahren vertrauten Freundeskreis und – das ist nicht zu übersehen – gehört zu den attraktiven Frauen in ihrem Alter. Kurz, sie ist eigentlich rundum gut gebettet, hat keinerlei finanzielle Sorgen, reist gerne, ist kulturinteressiert, lernt immer wieder spannende Männer kennen und ist darüber hinaus auch eine gefragte Berufsfrau. Da sie in einer selbständig geführten Kanzlei arbeitet, denkt sie nicht im Traum daran, sich pensionieren zu lassen. Warum kommt nun ausgerechnet eine solche Frau auf die Idee, ihre äußere Erscheinung mit einer derartig definitiven Entwertung zu belegen? Erwähnt werden muss in diesem Zusammenhang noch, dass sie keine größeren Trennungstraumata zu verarbeiten hatte, also nicht irgendwie beziehungsgeschädigt ist, und auch kein seelischer Tsunami über sie hinweggefegt ist, weil sie durch eine andere oder jüngere Frau ersetzt wurde.

Zwei nach ihrer Scheidung eingegangene Beziehungen hat sie von ihrer Seite aus Gründen mangelnder gemeinsamer Interessen jeweils selbst beendet. In dieser Konsequenz ist Rebecca nicht unbedingt repräsentativ für andere Frauen. Schließlich sind viele ihrer Geschlechtsgenossinnen jenseits der Pensionsgrenze auf der eifrigen Suche, doch noch einen passenden Partner für die späten Jahre zu finden, und weit davon entfernt, sich resigniert von ihrem Vorhaben abbringen zu lassen, auch wenn es immer wieder zu Enttäuschungen kommt.

Rebecca steht für jene Frauen, die fern jeder Romantik und Fokussierung auf Gefühle ausgerichtet sind, also eher sachlich und nüchtern in der Welt leben. Und genau diese Haltung wendet sie auch an, wenn sie in den Spiegel schaut. Sie realisiere, kommentiert sie trocken, dass sich ihre Gesichtszüge verändert hätten. Wenn auch die Fältchen winzig seien, die sich um Augenwinkel und Lippen kräuseln, könnten diese nicht übersehen werden. Diejenigen hingegen, die sich auf der Stirn bereits prominent eingenistet hätten, seien deutlich gezeichnet. Und jene senkrecht nach unten strebenden tiefen Furchen, die sich von Nasenwurzel und Mundecken zum Kinn hinunterzögen, könnten selbst bei durchaus wohlwollender Betrachtung nicht ausgeblendet werden. Das ganze Gesicht habe die einst so wohlige Unterfütterung weitgehend verloren, alles sei sehr prägnanter – ja, irgendwie unweiblicher – und selbst bei zugekniffenen Augen sichtbar. Auch die Haut habe sich verändert. Davon wolle sie schon gar nicht reden. Und vom Rest auch nicht. Deshalb gäbe es für sie kein Wenn und Aber.

Die meisten Frauen sind weit davon entfernt, sich derart unbarmherzig unter die Lupe zu nehmen und wählen andere Strategien für den Umgang mit der Veränderung. Da ist einmal die typische Kämpferin, die sich nicht so leicht wegen ein paar läppischen Fältchen geschlagen gibt. Schließlich sei man so alt, wie man sich fühle, lautet ihre Devise; und sie fühle sich nun weiß Gott nicht alt. Deshalb sei sie wie in den vielen Jahren zuvor noch eine durchaus ernstzunehmende Konkurrentin auf dem Beziehungsmarkt. Sie haut richtig auf den Putz, treibt Sport, wetthungert insgeheim mit Tochter und Schwiegertochter, rüstet auf oder um, bei offensichtlichen Mängeln werden botoxchemische oder operative technische Maßnahmen ergriffen und sie denkt nicht im Traum daran, von der öffentlichen Bühne für weibliche Angebote abzutreten. Andere wiederum nehmen die körperlichen Veränderungen zwar mit einer leisen Beunruhigung zur Kenntnis, sprechen mit der besten Freundin darüber, gemeinsam denken sie ernsthaft über Möglichkeiten nach, den Alterungsprozess aufzuhalten oder wenigstens korrigierend einzugreifen. Die Angebote sind vielfältig, Adressen werden ausgetauscht, Versprechen zugesichert, sich gegenseitig zu begleiten. Es gibt da also viel zu tun.

Eine weitere Gruppe verdrängt erfolgreich alle noch so deutlichen Zeichen der Veränderung, sie hält an ihrem jungen Selbstbild fest und blendet den «baulichen und substantiellen» Umbau ihrer Körperlichkeit aus dem Bewusstsein aus. Dies wird zum Beispiel besonders deutlich, wenn die sich verändernde Qualität der Haare nicht zur Kenntnis genommen und die Langhaarfrisur von einst konsequent über die Lebensmitte hinaus zelebriert wird, obwohl nur noch ein kümmerlicher Rest der einstigen Haarpracht vorhanden ist, und vor allem die Haarspitzen an ein frischgeschlüpftes Hühnchen erinnern. Oder wenn an einem bestimmten Kleiderstil festgehalten wird, der im Alter zwischen zwanzig und dreißig Jahren durchaus seinen Reiz hatte, aber in den späteren Jahren eher wie eine Karnevalsverkleidung anmutet.

In sämtlichen Varianten des Umgangs mit der körperlichen Veränderung aber zeigt sich: es ist ein Thema. Mehr noch. Es ist ein schwieriges Thema. Es geht schließlich um ein kostbares Gut, nämlich die körperliche Schönheit. Ob wir es verdrängen, ob wir beherzt dagegen ankämpfen oder ob wir es gelassen hinnehmen, immer ist es etwas, das uns mitten ins Herz trifft. Denn es geht um unsere Identität, um unser Selbstbild, um das Körperhaus, in dem wir wohnen.

Dagegen ließe sich einwenden, dass dies bei Männern doch ebenso der Fall ist. Auch der Mann wird eine körperliche Veränderung feststellen müssen, auch er kämpft mehr oder weniger heftig um den Erhalt der Jugendlichkeit. Und trotzdem hat das

Älterwerden im weiblichen Dasein eine völlig andere Bedeutung. Während es beim Mann lediglich ein Segment seiner Identität und seines Selbstverständnisses tangiert, trifft es uns mitten im Kern und beeinträchtigt unser gesamtes Lebensgefühl. Für viele Frauen ist der allmählich fehlende bewundernde Blick anderer – vorwiegend der des männlichen Geschlechts – der Beginn eines schleichenden Dramas.

Um den Unterschied von Männern und Frauen im Umgang mit ihrem Alterungsprozess besser zu verstehen, ist der Kontext ihrer geschlechtsspezifischen Sozialisation zu berücksichtigen. Die Entwicklung der Identitätsfindung ist für beide Geschlechter von unterschiedlichen Faktoren abhängig. Zum einen ist selbstverständlich die individuelle Disposition ausschlaggebend, darüber hinaus aber spielt die geschlechtsspezifische Kodierung maßgebend mit, die sich via Sozialisierung bildet; denn schließlich wird die Identität auch aus der Beantwortung des sozialen Umfeldes konstruiert. Und dieses könnte unterschiedlicher nicht sein, umspannt es doch bei Männern und Frauen jeweils völlig andere Themenbereiche. Während sich die männliche Identität vor allem auf zu erwerbende Fähigkeiten und Kompetenzen ausrichtet und sich in Status und Machteinfluss zur Darstellung bringt, spielt das äußere Erscheinungsbild bei der Herausbildung der weiblichen Identität in den meisten Fällen eine bedeutendere Rolle. Je nach Ausrichtung innerhalb der Familie, die als Erstes maßgeblich an der Bildung der eigenen Identität mitwirkt, erhält das Erscheinungsbild eine zentrale Bedeutung und wird die zukünftige Orientierung entscheidend beeinflussen. Und da in der Entwicklung der weiblichen Identität ohnehin von frühester Kindheit an das äußere Erscheinungsbild im Vordergrund steht, bildet es für den Identitätsbau ein Fundament, angesichts dessen die anderen Begabungen und Talente eher als zusätzliche oder gar beiläufige Möglichkeiten fungieren.

Wenn wir bereit sind, diesen Ausgangspunkt weiblicher Identitätsbildung anzuerkennen, ist es nur logisch, dass der Verlust einstiger jugendlicher Schönheit einem Drama gleichkommt, ist sie doch mit dem Verlust des eigenen Selbstbildes und damit auch des Selbstverständnisses gekoppelt. Wenn das eigene Selbstbild Risse erhält, wenn einige Teile sogar wegbrechen, ist der Fall ins Bodenlose angesagt. Wer seine Identität auf der Formel aufgebaut hat: ich gefalle, also bin ich, wird sich mit dem Umstand auseinanderzusetzen haben, immer spärlicher Resonanz zu erzeugen, entsprechend immer weniger wert zu sein. Dies ist ein derart massiver Angriff auf das Selbstwertgefühl, dass alles darangesetzt wird, den Verfall zu verhindern. Erst wenn es uns gelingt, die unterschiedlichen Inszenierungen zu verstehen, wird es möglich sein, die oft unverständlichen Verhaltensweisen von Frauen im Prozess des Älterwerdens richtig einzuordnen. Dann wird man angesichts einer Frau wie Rebecca nicht länger mitleidig die Nase rümpfen. Ebenso wird man aufhören, diejenigen Frauen zu verurteilen und als dumm und oberflächlich zu titulieren, die operativ versuchen, die sichtbaren Zeichen des Älterwerdens zu entfernen. Und jenen, die sich mit sechzig noch im Girlie-Look präsentieren, werden wir eher mit einer Art schwesterlich mitfühlendem Respekt begegnen, als über sie herzuziehen und sie der Lächerlichkeit preiszugeben. Denn wir wissen, es sind Versuche, sich mit dem Thema Älterwerden zu arrangieren und der schmerzlichen Tragödie des Schönheitsverlustes zu entkommen.

Wenn wir anderen mehr Verständnis entgegenbringen, dann wird sich daraus auch eine umsichtigere und verständnisvollere Art im Umgang mit uns selbst ergeben. Wir werden nachsichtiger in der eigenen Beurteilung, schmunzeln vielleicht einmal über einen, sei es geglückten, sei es fehlgeschlagenen Versuch, den Zeichen des Älterwerdens ein Schnippchen zu schlagen.

Das Erkennen prägender Einflüsse ist der Schlüssel zum Selbstverständnis. Es bewahrt uns davor, unsere eigenen Verhaltensweisen, die vielleicht gelegentlich etwas eigenartig anmuten, entwertend oder gar als dumm abzutun. Zudem hält es uns davon ab, gegen Windmühlen ankämpfen zu wollen, und befähigt uns stattdessen, den eigenen Alterungsprozess durchaus als eine sinngebende Lebensphase zu verstehen.

Wir benötigen also auch Nachsicht in eigener Sache, damit wir gut vorbereitet für die nächsten Schritte sind, die uns in ein neues Verstehen des eigenen Lebens hineinführen und uns das Tor für eine neue Dimension menschlichen Daseins öffnen.

Wie wir wurden, was wir sind

Die Konstruktion der weiblichen Identität erfolgt wie die jeder Identität durch unterschiedliche Prägungen und Einflüsse. Einerseits ist zweifellos die individuelle Disposition zu berücksichtigen, etwa genetische Faktoren. Andrerseits aber beeinflusst das soziale Umfeld die Beziehungserfahrungen und setzt die prägenden Parameter für die Entwicklung des Selbstbildes. So wirken zum Beispiel die Bezugspersonen zunächst als Orientierungshilfen, als unsichtbare Leitplanken, als Modelle und Vorbilder, die bewusste oder unbewusste Wunschperspektiven beleben. Zunächst beschränkt sich das weitgehend auf die Familie, im Laufe der Zeit kommen jedoch zunehmend externe Faktoren hinzu, vermittelt vor allem auch durch die Medien. Nicht alles davon wird immer bewusst wahrgenommen, so manche Prägung erfolgt hinter dem Rücken unseres Bewusstseins.

So vielfältig die Einwirkungen auch sind, in den meisten Fällen weiblicher Lebensgestaltung laufen sie auf das Thema der körperlichen Attraktivität zu – und passen sich darin seismografisch den jeweiligen Zeit- und Modeströmungen an. Die mehr oder weniger verschlüsselte Botschaft an das weibliche Geschlecht, die dahintersteckt, lautet: Sei hübsch, räkle dich, richte dich her, mach das Beste aus deinem Äußeren, denn du musst vor allem eines: gefallen. Mehr noch, du musst alles daransetzen, Bewunderung und Begehren auszulösen. Selbst wenn du mit denen, deren Begehren in Gang zu setzen du in der Lage bist, nichts zu tun haben willst, sollen sie doch bei deinem Anblick weiche Knie bekommen. Der Mann, weil er begehrt, die Frau, weil sie grün vor Neid ist, klar, und der Partner an deiner Seite soll nur Augen für dich haben und nicht auf dumme Gedanken kommen und sich anderswo umschauen, denn für ihn musst du die Schönste, die Attraktivste, die Einzigartige sein.

Das ist eine ziemlich anstrengende Angelegenheit und erklärt den ungeheuren Aufwand, der nötig ist, um sich im Diktat der fremden Ansprüche nicht zu verlieren und sich selbst abhandenzukommen.

Viele Frauen lernen dieses Denkmuster bereits im familiären Umfeld, vor allem in der Beziehung zur eigenen Mutter. In der Regel ist die Mutter zunächst für das Kind das Zentrum seiner Welt, im besten Fall ist sie ihm in allen seinen Regungen, Äußerungen und Bedürfnissen liebend zugetan und vermittelt ihm das Gefühl: Ich bin hier gut aufgehoben und ich werde rundum geliebt. Falls die Mutter diese Aufgabe nur teilweise oder überhaupt nicht erfüllen kann, werden andere Personen, der Vater und weitere Angehöre, diese Funktion übernehmen, oder es werden außerfamiliäre Bezugspersonen damit beauftragt.

In der ersten symbiotischen Phase erlebt sich das Kind als Einheit mit der Bezugsperson, später werden sich alle Eindrücke und ersten Erfahrungen um diese «Mutterfigur» herumdrapieren. Die gesamte kindliche Liebesenergie zielt ungebremst zur Mutter oder zu der Bezugsperson und wird meist auch den Möglichkeiten entsprechend zurückgespiegelt. Somit ist es nicht verwunderlich, wenn zunächst alles, was die Welt zu bieten hat, von diesen Personen repräsentiert wird; die Mutter oder die Ersatzperson ist die Herrscherin, sie hat gleichsam die Weltmacht.

Der geschlechtsspezifische Unterschied bildet sich mit zunehmendem Heranwachsen heraus und hat gravierende Folgen. Das Mädchen realisiert allmählich, dass es einst als erwachsene Frau wie die Mutter sein und ähnliche Funktionen wie sie ausüben wird. Dem kleinen Mädchen wird aber auch nicht entgehen, ob sich die Mutter in ihrer Rolle wohl und zufrieden fühlt oder ob dies nicht der Fall ist. Und da kleine Kinder sich mit ihren Bezugspersonen verbunden fühlen, diese innig lieben und wünschen, dass diese ihnen so vertrauten Personen glücklich sind, nehmen sie auch jede noch so leise Verstimmung wahr.

Nicht alle Mütter können ihren kleinen Töchtern das Bild einer rundum im Glück schwimmenden Frau liefern. Häufig sind sie vor allem bemüht, in irgendeiner Weise über die Runden zu kommen. Doch auch diejenigen Mütter, die das zumindest ansatzweise schaffen, können sich keineswegs sicher sein, dass das bei ihren Töchtern auf Gegenliebe stößt. In meinem Buch *Rabentöchter. Warum ich meine Mutter trotzdem liebe* bin ich der Frage nachgegangen, weshalb der größte Teil der Töchter verkündet, niemals so werden zu wollen wie ihre Mütter. Obwohl sie sich der Mutter durchaus verbunden fühlen, sie lieben und schätzen, kommt sie als Vorbild nicht in Frage oder die Töchter gehen zu ihr sogar auf Distanz. Nach meinen Recherchen, Umfragen und den zahlreichen Interviews, die ich mit Frauen unterschiedlichen Alters und unterschiedlicher Herkunft führte, wurde mir allmählich klar, welche Motive hinter einer solchen Haltung stehen. Es handelt sich hier um eine durchaus sinnvolle Korrektur, sich nicht mit dem von der Mutter vorgelebten Dasein als Frau zu begnügen, sondern dieses Rollenangebot entschieden zurückzuweisen. Deshalb ist die Ablehnung gerade auch in jenen Fällen so vehement, wo die Mutter für ihre Töchter da war, weil sie sich mit der traditionellen Mutterrolle weitgehend identifizierte und dafür womöglich sogar auf eine berufliche Karriere verzichtete.

Aber es gibt noch ein weiteres Problem: Es ist eben eine schier unlösbare Herausforderung, einerseits die Rolle, welche die Mutter spielt, abzulehnen und sich zugleich der eigenen Mutter verbunden zu fühlen. Oft wird diese Schwierigkeit mit einer totalen Abwendung von der Mutter gelöst. Ich bin aber davon überzeugt, um später als erwachsene Frau die eigene Identität zu stabilisieren, ist es von großer Bedeutung, sich wieder mit den Wurzeln zu versöhnen. Schließlich geht es auch darum, die Geschichte der eigenen Mutter zu verstehen und sie als vollgültigen Menschen sehen zu lernen.

Zusätzlich zum mütterlichen Einfluss auf Selbstbild und Identität der Tochter ist noch ein anderer Strang in die Betrachtung mit einzubeziehen, der leicht in Vergessenheit gerät. Die Entwicklung der weiblichen Identität wird nicht nur von weiblichen Vorbildern beeinflusst, sondern gleichermaßen von männlichen Bezugsfiguren. Der Vater, als Repräsentant der männlichen Welt, ist ebenfalls von großer Bedeutung. Mit ihm erlebt das Mädchen das Gegengeschlechtliche, erfährt, wie es wahrgenommen wird, ob es beantwortet wird, unbeantwortet bleibt oder gar in Vergessenheit gerät. Die erste Erfahrung mit dem anderen Geschlecht hat deshalb in Bezug auf Selbstbewusstsein und Identitätsbildung eine ebenso ausschlaggebende Bedeutung.

Wenn der Vater das Problem ist

Lange wurde der Einfluss des Vaters auf die Entwicklung des Kindes außer Acht gelassen. Es war klar, die Mutter ist für das Heranwachsen des Kindes vollumfänglich verantwortlich – was sich ja tatsächlich auch in vielen Fällen so abspielt, jedenfalls soweit es um Betreuung und Erziehungsarbeit geht. Aber davon auszugehen, dass der Vater, ob er nun innerhalb der Familie oder nach einer Scheidung außerhalb lebt, überhaupt keine Bedeutung haben soll, mutet doch etwas sonderbar an. Ob diese Nichtbeachtung auf ein taktisches patriarchalisches Kalkül zurückzuführen ist, den Vater von jeder Verantwortung für den Nachwuchs freizustellen, oder eher auf mangelnde Bereitschaft, darüber nachzudenken, sei dahingestellt. In beiden Varianten spielt wohl der Erhalt der Komfortzone der Verantwortungslosigkeit eine große Rolle. Alles, was sich eventuell bei den heranwachsenden Kindern als problematisch erweist, wird den Müttern zugeschoben. Wenn das Kind nachts nicht durchschläft, fragt sich die Mutter, was sie wohl falsch macht. Wenn es in der Schule nicht mithalten kann, wird sie sich ebenfalls in Frage stellen. Wenn erwachsene Kinder unglücklich sind, machen sich die Mütter Vorwürfe. Mütter sind die Trägerinnen von Schuldgefühlen, oft ein Leben lang.

Um diese eigenartige und doch auch selbstschädigende Haltung vieler Frauen zu verstehen, muss der soziale Kontext, in dem sich weibliches Dasein abspielt, einbezogen werden. Der einzige Machtbereich, der einer Frau, auch der berufstätigen, nach wie vor nicht streitig gemacht wird, ist die Familie. In ihrem Unbewussten bildet sich oft die Überzeugung: «Also, wenn ich sonst nichts zu sagen habe, dann will ich wenigstens innerfamiliär das Zepter schwingen.» Deshalb ist sie durchaus einverstanden mit der These und unterstützt sie lautstark, dass der väterliche Einfluss auf die Entwicklung des Kindes gering sei, im Gegensatz natürlich zu ihrer eigenen Leistung.

Für die Entwicklung des Kindes hat das belastende Folgen. Für die Entwicklung der eigenen Identität ist der Vater nämlich von großer Bedeutung. Für das männliche Kind ist er ein mögliches

Vorbild, in ungünstigen Verhältnissen auch ein abschreckendes Beispiel. Jedenfalls wird der Knabe die Rolle des Vaters nicht einfach ignorieren und sich stattdessen an der Mutter orientieren. So kann die Mutter den fehlenden Vater auch nicht ersetzen, sie kann lediglich dafür sorgen, dass die Leerstelle durch andere männliche Personen ausgefüllt wird, seien dies Familienangehörige wie Großvater, Bruder, Onkel, Pate usw. oder Männer im externen Bezugsumfeld. Dasselbe gilt für das Mädchen: Der Vater ist der Vertreter der männlichen Welt, mit ihm erlebt es die ersten Kontakte mit dem anderen Geschlecht. Es macht erste Erfahrungen, ob der Mann verlässlich ist, ob es ihm vertrauen kann, ob er es beschützt. Und es wird die prägende Erfahrung machen, ob sich ein Mann für sein Leben interessiert, ob es Resonanz von ihm erhält oder ob es kaum oder überhaupt nicht wahrgenommen wird.

In meiner psychotherapeutischen Arbeit mit Frauen habe ich immer wieder festgestellt, wie sehr ein gutes Selbstbewusstsein, das durch alle psychischen Module hindurch erhalten bleibt, eher die Ausnahme als die Regel ist. Ein solides Selbstbewusstsein hängt vom Selbstwertgefühl ab. Selbstwert generiert sich zunächst aus der Beantwortung anderer Personen, beginnend in der Familie, durch Mutter, Vater und so weiter. Wenn aber der Vater das Mädchen in seiner Existenz nicht oder nur mangelhaft beantwortet, heißt das für das Kind, ich bin es eben nicht wert, dass sich mein Vater, also das Gegengeschlecht, für mich interessiert. Da es aber ein Grundbedürfnis ist, geliebt, beachtet, wertgeschätzt und anerkannt zu sein, werden Strategien entwickelt, um dennoch zu erreichen, was aus tiefster Seele gewünscht wird: gesehen zu werden. Die strategischen Verhaltensweisen dafür sind vielfältig und individuell, lassen sich aber tendenziell in drei große Kategorien einteilen.

Viele Mädchen gehen davon aus, dass sich die erwünschte

väterliche Beachtung einstellen würde, wäre bloß ihr Äußeres ansprechend genug. So lautet ihr Motto: Ich gefalle, also bin ich. Andere hingegen setzen auf Performance und versuchen durch besonders herausragende Leistungen das Interesse des Vaters zu erlangen; sie gehen davon aus: Ich leiste, also bin ich. Die dritte Kategorie möchte von Anpassung nichts wissen, sie geht auf Konfrontation mit dem Vater, fordert ihn heraus. Sie lebt nach dem Motto: Ich spüre Widerstand, also bin ich.

Hinter dem Bestreben, Beachtung und Aufmerksamkeit zu erhalten, steht immer eine große Tragik. Denn es führt weg von sich selbst, der Selbstkontakt wird unterbrochen, der Blick richtet sich auf die erhofften Reaktionen. Da bleibt keine Möglichkeit mehr, sich selbst wahrzunehmen und mit sich in einem inneren ehrlichen Dialog zu bleiben.

Für die Gefalltochter ist das Älterwerden eine besondere Herausforderung. Sie wird immer öfter erleben, dass sie nicht mehr die erwünschte Beachtung erfährt. Konnte sie in jungen Jahren ihr Lebensgefühl noch aus dem Gefallen herleiten, so heißt die konsequente Weiterführung dieser Haltung: Ich gefalle immer weniger, also bin ich immer weniger wert. Und weil sich wohl niemand freiwillig diesem Trauerspiel des Unsichtbarwerdens aussetzen möchte, ist nur zu verständlich, wenn alle möglichen Versuche unternommen werden, die Anzeichen des Älterwerdens zu vertuschen.

Der Einfluss familiärer Dynamik auf die späten Jahre

Obwohl der Versuch, Menschen in Kategorien einzuteilen, immer problematisch ist, kann eine Zuordnung zu einer bestimmten Gruppe helfen, das eigene Verhalten besser zu erkennen und vor allem ein genaueres Selbstverständnis für die eigene Entwicklung im späteren Alter zu gewinnen.

Der familiären Gruppendynamik sind beide Geschlechter gleichermaßen ausgesetzt, und dies nicht erst nach der Geburt, sondern bereits davor. Schon die Wahl des Namens für den Nachwuchs ist durch die Phantasien und Wünsche der Eltern geprägt. Die Namensgebung des Kindes erzählt die Geschichte der Eltern, ihrer Sehnsüchte, ihrer unerfüllten Wünsche, sie offenbart Visionen über die Vervielfältigung ihrer Persönlichkeit und selbstverständlich auch über die Weiterführung des eigenen Daseins über den Tod hinaus. Das Kind, ob Bub oder Mädchen, wird mit diesem unsichtbaren Auftrag in irgendeiner Weise zurechtkommen müssen. Obwohl Geschwister sich das biologische Erbmaterial teilen und sie der gleichen familiendynamischen Beeinflussung ausgesetzt sind, könnte oft ihre Entwicklung unterschiedlicher nicht sein. Während sich eine äußerst schwierige Familienkonstellation auf die Entwicklung beim einen Geschwister hinderlich und schwächend auswirkt, kann sie bei einem anderen genau das Gegenteil provozieren, etwa die Herausbildung von ausreichend Widerstandskraft gegen ungünstige oder gar katastrophale Einflüsse.

Ebenso wirkt sich die Geschwisterreihe prägend auf die Entwicklung aus, denn jede Position beinhaltet bereits eine bestimmte Rollenzuschreibung, die das Kind in seinem Werden maßgeblich mit beeinflusst und es in der Regel sein ganzes Leben lang bis ins höhere Lebensalter begleitet.

Für die Generierung des weiblichen Selbstbildes spielt die Geschwisterreihe eine nicht zu unterschätzende Rolle, ebenso welche Geschlechter in welcher Reihenfolge vertreten sind. So gerät zum Beispiel die älteste Tochter angesichts eines oder mehrerer Geschwister leicht in die Rolle der mütterlichen Assistenz. Sie wird rasch begreifen, dass sie Mutters Zuneigung und Anerkennung vor allem dann bekommt, wenn sie ihr bei der Betreuung der jüngeren Geschwister hilft und gleichzeitig selbst keine allzu großen Ansprüche stellt, sondern sich eher im pflegeleichten Modus verhält. Ist das jüngere Geschwister ein Bub, hat sie eigentlich nur eine Möglichkeit, nämlich in die Hymne «Endlich ein Thronfolger» fröhlich miteinzustimmen und sich sowohl mit dem Glanz in den Augen der Mutter beim Anblick des männlichen Nachkommen zu identifizieren als auch den väterlichen Stolz rundum zu bejahen. Die Identifikation mit der elterlichen Begeisterung vermag wenigstens das Gefühl der Zusammengehörigkeit zu vermitteln – auch wenn die eigene Sehnsucht nach Beantwortung dabei auf der Strecke bleibt. Dass aus einer derartigen Konstellation auch verdeckte Hassgefühle aufkeimen können, ist unvermeidlich; die bange Frage eines älteren Geschwisterchens, ob man den Kleinen nicht wieder zurückgeben könnte, ist nur eine milde Ausdrucksform für das, was sich in der kindlichen Seele an Qualen abspielt.

Die älteste Tochter ist es gewöhnt, Verantwortung zu übernehmen, ihre besonderen Fähigkeiten sind in der Regel Pflichtbewusstsein und Fleiß. Dafür wird sie schließlich auch geschätzt und geliebt. Es ist aber auch die Grundlage der besonderen Schwierigkeiten, in die sie später hineingeraten kann. Ihr weibliches Selbstbild ist von Leistung, Perfektion und Disziplin gezeichnet, zugleich auch vom steten Bemühen, als untadelige und gepflegte Erscheinung aufzutreten. Älteste Töchter geraten deshalb leicht in die Perfektionsfalle, sie wollen alles im Griff haben. Als Erwachsene wollen sie die rundum perfekte Ehefrau und Partnerin sein, wozu auch der Anspruch gehört, als aufregende Geliebte zu punkten. Als Mutter entgeht nichts ihrer Kontrolle, schließlich sind die Kinder Produkte ihrer Leistungspalette. Im Berufsleben gehört Erfolg als Selbstverständlichkeit dazu, sachliche Eleganz ist Nebensache, aber zwingend. Wenn sie in die

Jahre kommt, wird sie die Veränderungen erfolgreich verdrängen, sie ist eine Meisterin darin, gesellschaftliche Signaturen flott zu übersehen, sie ist gegen Quotenregelung, feministische Anliegen wie Selbstbestimmung hält sie für überflüssig. Ihre körperliche Attraktivität unterliegt einer ständig scharfen Inspizierung, wie ein Wachhund wittert sie jede sich abzeichnende Falte, dem leisen Abgleiten von Muskeln und Gewebe wird sie unverzüglich Maßnahmen entgegensetzen, angefangen von durchorganisiertem Körpertraining bis hin zu gezielten operativen Eingriffen. Sie wird alles daransetzen, ohne langes philosophisches Fackeln ihr inneres Selbstbild der äußeren Erscheinung anzupassen. Dass sie damit in eine absehbare Überforderung hineingerät, liegt auf der Hand.

So wird sie denn auch die Welt nicht mehr verstehen, wenn sie plötzlich erleben muss, wie sie in die zweite Reihe geschoben wird. Mara, von Kopf bis Fuß dezent gestylt, jahrelange Mitarbeiterin und rechte Hand des Chefs in einem TV-Redaktionsteam, beliebt, geschätzt und stets mit Anerkennung und Würdigung ihrer Leistung bedacht und respektiert, erzählt: «Die Neue kam. Obwohl sie außer Kurven nichts zu bieten hatte, blieb sie und übernahm ohne jeglichen Leistungsnachweis meine Funktionen. Ich war fassungslos. So läuft der Hase also. Ich wollte mich dagegen wehren. Hoffnungslos. Mein Chef, 48, verheiratet, ein Kind, wollte nichts von mir hören. Was sollte ich tun? Selbst kündigen oder bleiben? Mit 58 wird es eng, aber das habe ich erst jetzt begriffen. Als es in meiner Beziehung auch noch Schwierigkeiten gab, wusste ich, jetzt bin ich dort angekommen, wo ich nie hinwollte: auf dem Abstellgeleise. Dabei habe ich doch stets mein Bestes gegeben.»

Dieses Beispiel beinhaltet sämtliche Klischees, die Frauen Furcht einjagen, Männer als an den Haaren herbeigezogen belächeln und Männerschützerinnen als erfunden deklarieren.

Selbstverständlich gibt es auch andere Beispiele: Da wissen Frauen, die als Älteste in der Geschwisterreihe bestimmte Fähigkeiten in die Wiege gelegt bekommen haben, genau diese Kompetenzen einzusetzen, die sie letztlich auch zuverlässig durch die späteren Jahre begleiten. Sie engagieren sich in gesellschaftlichen und politischen Bereichen, gründen – auch im Pensionsalter – aufgrund ihrer großen Fähigkeit eine Firma, engagieren sich für Projekte, werden nochmals erfolgreich und führen eine partnerschaftliche Beziehung, ohne dabei sich selbst aufzugeben.

Die älteste Tochter, die mit einem gleichfalls ältesten Sohn zusammenlebt, wird in der Beziehung wahrscheinlich immer wieder mit dem Thema «Wer ist hier eigentlich der Chef?» konfrontiert. Die üblichen Machtspielchen sorgen für häufige Auseinandersetzungen.

Die mittlere Tochter hat einen anderen Platz. Als mittleres Kind hat sie sowohl die Möglichkeit, sich entweder zu den Älteren oder zu den Jüngeren zu gesellen, je nachdem, in welcher Gruppe sie akzeptiert wird, welche Spiele angesagt sind und was ihr besser gefällt. So ist das Thema bei mittleren Töchtern oft die Vielfalt der Wahl oder, anders ausgedrückt, die Qual der Wahl. Hier liegt für sie das Dilemma, dass sie sich nicht entscheiden kann, sie hat zu viele Optionen. Ihre große Fähigkeit besteht aber zweifellos darin, sich bei Schwierigkeiten in unterschiedliche Perspektiven einzufühlen. So ist sie auch eine gute und umsichtige Vermittlerin, wenn es darum geht, unterschiedliche Positionen zu beleuchten und verständlich zu machen. In familiären Angelegenheiten vermittelt sie, sie gießt nicht Öl ins Feuer und denkt nicht in Schwarz-Weiß, sondern lotet die Grauzonen aus, bemüht sich um Kompromisse und leitet friedensstiftende Maßnahmen ein. Im beruflichen Umfeld sind mittlere Töchter im psychotherapeutischen Bereich vorwiegend im Spezialgebiet von Paar- und Familienberatung und Mediation, tätig und leisten dort hervorragende Arbeit. Ihre weibliche Identität baut sich auf ihrer besonderen Fähigkeit auf, vermittelnde Dienstleistungen zu erbringen, sie ist handlich und pflegeleicht, unterstützend und förderlich. Ihr Äußeres ist nicht eindeutig festzumachen. Sie kann sowohl beinahe unscheinbar auftreten, in dezenten Beigetönen, modisch kaum akzentuiert, oder aber auch etwas schrill, um sichtbare Zeichen der eigenen Existenz zu setzen. Obwohl diese Frau nicht den Eindruck hinterlässt, den ganzen Tag vor dem Spiegel zu stehen, macht ihr der allmähliche Verlust ihrer Schönheit zu schaffen. Sie versucht ihn so tapfer als möglich zu überspielen, indem sie sich sorgfältig kleidet, ist aber in den chirurgischen Einrichtungen für Schönheitsoperationen eher untervertreten. In der Partnerschaft gelingt es ihr, sich sowohl einem Ältesten als auch einem Jüngsten gut anzupassen; schwierig wird es, wenn der Partner ebenfalls aus der mittleren Geschwisterreihe stammt, dann wird das Problem, sich nicht entscheiden zu können, noch potenziert.

Für die jüngste Tochter ist das Älterwerden und damit auch der Verlust der körperlichen Attraktivität besonders herausfordernd. Sie hatte schließlich von Anfang an eine Sonderstellung, die Kleinste, die Niedliche, die Hübsche zu sein. Sie verkörperte bereits als Kind das traditionelle Weiblichkeitsideal, hilfsbedürftig zu wirken und niedlich auszusehen. «Aber die Jüngste war die Allerschönste», so heißt es im Märchen. Hat sie ältere Brüder, kann sie damit rechnen, als besondere Attraktion geliebt und auch beschützt zu werden. Das Nesthäkchen wird meist verwöhnt; der Preis für diese komfortable Stellung besteht darin, in ihren Anliegen nicht ganz ernst genommen zu werden, was ihr vor allem, wenn sie erwachsen wird, sehr zu schaffen macht. Sie wittert überall Kränkungen, wieder einmal nicht gehört und in ihren Fähigkeiten nicht gesehen zu werden. Sie wird nicht aufgrund ihrer speziellen oder herausragenden Fähigkeiten geschätzt, sondern einfach deshalb, weil sie in der Rolle der Kleinen, Zarten und zu Beschützenden ist. Ihr Selbstbild gründet also viel mehr darauf, was sie äußerlich darstellt, als auf ihrem inneren Kern mit allen seinen Möglichkeiten. Durch das Älterwerden wird sie die Sonderstelle allmählich aufgeben müssen, sie ist nicht länger die besonders Attraktive, Schöne, dieser Platz wird nun von anderen besetzt. Ihr einstmaliger Trumpf schwindet und wahrscheinlich leidet sie heftig unter dem Verlust ihres Grundkapitals Schönheit. In der Partnerschaft versucht sie möglichst die Rolle der Prinzessin zu beanspruchen, der es zusteht, umfassend umsorgt und bewundert zu werden. Mit einem Partner, der als Ältester in der Geschwisterreihe steht, ist das am ehesten gegeben. Größere Schwierigkeiten dürften sich mit einem ebenfalls Jüngsten zeigen, der gleichermaßen daran gewöhnt ist, dass sich ältere Geschwister um ihn und die Erledigung der eigentlich ihm zufallenden Pflichten kümmern.

Die Themen der Frau, die als Einzelkind aufgewachsen ist, ähneln denen der jüngsten Tochter. Hier kommt es aber vor allem darauf an, wie sich die Eltern ihr gegenüber verhalten haben.

Maßeinheit Attraktivitätsquotient

Es ist die Vergänglichkeit, das allmähliche Dahinschwinden der Jugendblüte, das uns zu schaffen macht. Je mehr wir aber die Zusammenhänge verstehen lernen, umso besser wird es uns gelingen, mit dem Älterwerden konstruktiv umzugehen und es als Entwicklungsaufgabe zu begreifen.

Wie wir gesehen haben, werden auf dem Hintergrund familiärer Prägung die ersten Konturen für das Selbstbild des kleinen Mädchens gesetzt, das sich bereits von frühester Kindheit an dem Ideal einer wohlgefälligen körperlichen Erscheinung anzupassen hat. Dabei ist aber nicht nur das familiäre Beziehungsnetz entscheidend, sondern mit dem Heranwachsen des Kindes gewinnt das außerfamiliäre Umfeld zunehmend an Bedeutung und sorgt dafür, dass sich aus diesem vielfältigen Beziehungsgefüge die eigene Identität entwickeln kann. Die Bilder rund um die Erscheinung der Frau, die auf ein junges Gemüt einstürmen, sind unmissverständlich, eindeutig und ergänzen oder erweitern die bereits früher gemachten Erfahrungen. Die bekannten Attribute wiederholen sich, ein Mädchen hat hübsch, niedlich, charmant, reizend, wonniglich und entzückend zu sein; spätestens in der Adoleszenz sollte es mit körperlicher Attraktivität Aufmerksamkeit erlangen. Jedes junge Mädchen versteht die Botschaft, in welcher Weise es sich darzustellen hat, um wahrgenommen zu werden oder sogar Aufmerksamkeit zu erregen. Es sind keine komplizierten Untersuchungen nötig, um herauszufinden, was und wer in unserer Gesellschaft mit Resonanz beglückt wird und entsprechend Beachtung findet.

Im wirtschaftlichen und politischen Umfeld sind es vorwiegend männliche Darsteller, über deren inhaltliche Anliegen, Tätigkeiten, Erfolge und Misserfolge berichtet wird. Sobald es sich um weibliche Repräsentantinnen handelt, spielt die äußere Attraktivität schnell eine bedeutendere und viel entscheidendere Rolle als der tatsächliche Leistungsnachweis. Ausnahmen bestätigen die Regel, etwa bei Hillary Clinton, Angela Merkel, Christine Lagarde und anderen weiblichen Personen, die aufgrund ihrer Fähigkeiten und nicht ihrer körperlichen Attraktivität wegen ins Rampenlicht der Öffentlichkeit gerieten. Die verbreitete Leugnung des Umstands, dass bei Frauen die äußere Erscheinung eine entscheidende Rolle spielt, wird an der Tatsache, dass es so ist, nichts ändern. Mehr noch, es geht nicht nur um ein niedliches, nettes, frisches, gepflegtes Äußeres, es geht darum, ob der Anblick im männlichen Auge in irgendeiner Form Begehren auszulösen vermag, noch präziser ausgedrückt: wie intensiv erotische Stimulierungsmöglichkeiten ausgesandt und diese Signale auch empfangen werden können. Wenn sich junge Girls zu einem Klassenfest treffen, ist zuweilen nicht zu erkennen, ob es sich um einen Ausflug debütierender Prostituierter handelt oder um junge Frauen, denen alles andere näherliegt, als um Freier zu werben und sie zu bedienen. Heutzutage wird hochgerüstet, was das Zeug hält, das vielversprechende Zelebrieren primärer und sekundärer Geschlechtsmerkmale ist an der Tagesordnung. In den Medien werden die zurechtgebüschelten Körperregionen eins zu eins abgebildet, kommentiert, eventuell kritisiert oder gelobt und beklatscht – als ob es sich um eine außerordentliche und exorbitante Einzelleistung handle.

Angenommen, es kämen Außerirdische zu Besuch und wollten sich über das «Rätsel Weib» (Sigmund Freud) kundig machen. Ihre Recherche könnte im Bereich Druckmedien beginnen, beispielsweise anhand einer seriösen Tageszeitung. Diese berichtet von politischen, wirtschaftlichen, kulturellen und gesellschaftlichen Ereignissen und ihren Akteuren. Eine relativ triviale Medienrecherche ergäbe Folgendes: Frau an sich ist noch nicht erwähnenswert, erst wenn die äußere Erscheinung mit besonders eindrücklichem Hinweis auf eventuelle geschlechtliche Vergnügungen ins Auge springt, wird sie beachtet. Mit fatalen Folgen: Der Attraktivitätsquotient richtet sich als ständige Maßeinheit im weiblichen Hirn ein, beeinflusst Denkstrukturen, Verhaltensweisen und richtet langfristig schwerwiegende Folgeschäden an, die sich einem organischen Prozess des Älterwerdens sperrig entgegenstellen.

Man kann es drehen und wenden, wie man will, und einwenden, dies seien alles Hirngespinste durchgedrehter Feministinnen: An dieser Stelle beginnt die weibliche Problematik mit dem Älterwerden. Jede Frau, welche die Lebensmitte überschritten hat, wird früher oder später, bewusst oder unbewusst feststellen, dass die Resonanz, vor allem jene, die vom männlichen Geschlecht ausgeht, rückläufig ist, und sie wird intuitiv erahnen, dass das Ende der Kletterstange irgendwann erreicht sein wird. Mona, 68, ehemalige Chefsekretärin: «Ich bin im Niemandsland gelandet, bei den beigefarbenen Geschlechtslosen, den Ausgemusterten auf dem Beziehungsmarkt, gleichaltrige Männer haben sich längst aus meiner Altersklasse verabschiedet und suchen sich Partnerinnen zwischen vierzig und fünfzig, auch jüngere sind willkommen.» Fanita, 59, ehemalige Flugbegleiterin, will sich nicht unterkriegen lassen: «Das Abstellgleis kommt für mich definitiv nicht in Frage. Ich nütze sämtliche Möglichkeiten, die mir die Medizin bietet, der Vergänglichkeit ein Schnippchen zu schlagen.»

Selbstverständlich gibt es auch Frauen, die mit dem Älterwerden überhaupt kein Problem haben. Sie beziehen ihre Identität nicht ausschließlich aus ihrer körperlichen Attraktivität, sondern erleben diese Zeit als besonders erfüllend und sind weit davon entfernt, der nachlassenden Schönheit nachzutrauern. Im Gegenteil, sie berichten von einer neuen Freiheit, vom unbeschreiblich wohltuenden Gefühl, nicht mehr anderen gefallen zu müssen, sondern sich vor allem um die Behaglichkeit der eigenen Innenräume zu kümmern, aber auch von der Freude, wie spannend es ist, aufgrund eines langen Lebens größere Zusammenhänge zu analysieren und zu verstehen. Linda, 71, führte zusammen mit ihrem Mann über vierzig Jahre ein Hotel: «Ich habe das Gefühl, eigentlich erst richtig anzufangen zu leben, über meine Zeit verfügen zu können, meinen Interessen nachzugehen, ja, ich bin gerade dabei, mich kennenzulernen, und ich muss sagen, es ist faszinierend.»

Wir haben es also selbst in der Hand, welchen Weg wir einschlagen wollen, ob wir gegen Windmühlen kämpfen oder ob wir es vorziehen, selbst nachzudenken, um die Signatur des eigenen Lebens mit all seinen Hürden und Aufgaben zu erforschen. Ob wir bereit sind, die menschliche Existenz grundsätzlich als etwas Sinnvolles anzuerkennen, die Vergänglichkeit als etwas zu akzeptieren, das zum Leben gehört, ob wir das Wunder des eigenen Lebens erforschen und dabei immer tiefer in das Geheimnis von Mensch und Welt vordringen.

Es wäre doch gelacht, wenn wir freiwillig und sehenden Auges ausgerechnet in einem kahlen Hinterhof landen wollten, unter lauter alten Suppenhühnern, die allesamt darauf hoffen, doch noch von einem Gockel erspäht und ausgewählt und im knapp getakteten Rhythmus beglückt zu werden.

II

Spieglein, Spieglein an der Wand …

Grundkapital Schönheit

Die gesamte weibliche Sozialisation läuft darauf hinaus, das eigene körperliche Erscheinungsbild zu kultivieren, zu zelebrieren und bei Bedarf eventuell zu korrigieren. Mehr noch. Bei nicht wenigen Frauen wird sich im Laufe der Zeit herausstellen, dass die äußere Erscheinung, die möglichst wohlgestaltet sein sollte, auch das einzige zur Verfügung stehende Kapital darstellt, was sie besitzen. Zudem erlebt jedes heranwachsende Mädchen, dass es ohne spezielle Anstrengung und ohne besonders herausragende Leistungen Beachtung und Aufmerksamkeit ernten kann, wenn sein Erscheinungsbild auch nur einigermaßen den Vorlieben und Trends des jeweiligen Zeitgeistes entspricht. Und wenn sich die Natur in ihrer Gestaltungskraft nicht total vergriffen hat, ist der überwiegende Teil der jungen Mädchen einfach hübsch anzusehen. Begegnet man gar einer Gruppe Girls, ist es ein überwältigender und höchst erfreulicher Anblick, als sehe man einen von bunt blühenden Blumen übersäten Garten.

Während die heranwachsende junge Frau für ihre körperliche Darstellung Aufmerksamkeit erhält, ist der Blick auf ihre individuellen Interessen, ihre speziellen Vorlieben, Begabungen und Talente hingegen weniger scharf eingestellt und wird deshalb von ihr selbst kaum besonders zur Kenntnis genommen. Ein sehr intelligentes Mädchen erlebt, dass es eher durch seine attraktive Erscheinung als durch Schlagfertigkeit und Klugheit Aufsehen erregt. Nicht zu unterschätzen ist überdies seine Möglichkeit, erotische Phantasien und letztlich auch Verlangen beim männlichen Betrachter in Gang zu setzen. Es ist sozusagen ihr zusätzlicher Joker, den sie jederzeit ausspielen kann und den sie entweder gekonnt und unübersehbar zelebriert oder diskret, beinahe zufällig einsetzt. Der oberste Blusenknopf, der sich wie von Geisterhand öffnet, der Intimität verheißende Griff ins füllige Haar, das sanfte Wegstreichen einer Locke von der Stirn oder das neckische Spiel, sich zu räkeln und verführerisch hinzudrapieren, das beim Betrachter horizontale Wonnen in Aussicht stellt. So ist es nicht verwunderlich, wenn bereits in jungen Jahren das kokette Spiel neckischer, verführerischer Arabesken virtuos zur Anwendung gelangt und das ins Auge gefasste Zielobjekt dem vom Östrogen-Fluidum durchwehten Duftbouquet wie betäubt erliegt. Für viele Frauen gehört die Fähigkeit, sich wirkungsvoll in Szene zu setzen, genauso zur Grundausrüstung zukünftiger Lebensbewältigung wie Rechnen und Schreiben. Und so wie sich Männer darin schulen, sich auf dem Finanzmarkt zu positionieren, um möglichst hohe Gewinne einzufahren, gehört zum weiblichen Arbeitsumfeld noch immer die Bewirtschaftung geschlechtsspezifischer Merkmale zur selbstverständlichsten Sache der Welt. Wie der Bauer seine Felder bestellt, bewirtschaften Frauen ihren weiblichen Acker und spekulieren auf eine möglichst hohe Ertragslage.

So bildet das implizite Schönheitskapital sozusagen ein leistungsunabhängiges Grundeinkommen, im Sinne einer existentiellen Zukunftssicherung. Nun könnte man dagegenhalten, dass in der heutigen Zeit Attraktivität längst nicht mehr von einer derartigen Bedeutung sei. Der Schein trügt gewaltig. Was bei vielen Liebesarrangements den Ausschlag gibt, lässt sich klar benennen: via körperliche Anziehung erotisches Verlangen in Gang zu setzen. Schönheit, Attraktivität ist demnach ein Wert an sich, der auf der weiblichen Seite geschickt eingesetzt und verwaltet wird, um dadurch einen höheren sozialen Satus zu erlangen, der satte Erträge verspricht. Selbst in Zeiten, in denen Frauen sämtliche Berufsmöglichkeiten offenstehen, ist das traditionelle weibliche soziale Aufstiegsmuster immer noch beliebt. Die Frau orientiert sich fiskalisch, bildungsformalistisch und statusmäßig nach oben, der Mann nach unten. Die asymmetrischen Beziehungskonstellationen verdeutlichen das ungeschriebene Gesetz dieser Dynamik: der Chef mit der hübschen Sekretärin, der Arzt mit der netten Krankenschwester, der Pilot mit der attraktiven Flugbegleiterin, der Wirtschaftsboss mit dem Model, der Schauspielerin oder der Tabledance-Tänzerin. Wenn sich ein Mann in der Wahl seiner Partnerin im sozial schwächeren Gebiet umsieht und sich entsprechend entscheidet, muss die Frau als Gegenleistung unübersehbare körperliche Vorzüge mitbringen. Erfolgreiche Männer, die ein hohes Amt bekleiden, sei es im Kunstbetrieb oder in der Wirtschaft – in der Politik nicht durchgängig –, zeigen sich in der Öffentlichkeit meist mit Partnerinnen, die den Maßen einer Heidi Klum durchaus standhalten.

Zudem werden wir ja täglich von Erfolgsgeschichten überflutet, wie junge Frauen, flankiert von körperlichen Vorzügen, ihr Glück gemacht haben. Da wird von einer hübschen, wonnigen argentinischen Bankangestellten berichtet, die plötzlich vom damaligen holländischen Thronfolger zur Gemahlin auserkoren wird; eine attraktive TV-Journalistin, die es an die Seite des spanischen royalen Repräsentanten geschafft hat. Oder die englische Kunststudentin, die auf direktem Weg von der Kommilitonin des Kronprinzen zur Etage der Windsors aufgestiegen ist. Auch historisch ist diese Art von Karriere vielfach belegt und erfreute sich eines regen Gebrauchs. Die Mätressenwirtschaft im 17. und 18. Jahrhundert am französischen Hof erzählt fulminante Geschichten von hübschen jungen Mädchen, die aus dem Nichts kamen, aber dank ihrer Fähigkeit, beim männlichen Adel erotisches Begehren auszulösen, auserkoren wurden, um – wenn meist auch nur für wenige Atemzüge – am luxuriösen höfischen Leben zu partizipieren. Handelte es sich beim Aufstieg gar um einen Gekrönten, war hinterher der Fall umso tiefer. Wenn sich ihre Reize etwas abgegriffen hatten, wurden die Aufsteigerinnen von der nächsten Anwärterin ersetzt und einfach entsorgt; das Kloster bildete in manchen Fällen die Endstation für diese Frauen.

Eine der wenigen Frauen, die nicht diesem unrühmlichen Schicksal erlag, war Madame de Pompadour. Jeanne-Antoinette Poisson, ein Mädchen aus dem Volk, bildhübsch, kokett und zauberhaft anzusehen, eroberte sich den höchsten Titel, den es im 18. Jahrhundert für eine Frau zu erobern galt: *Maîtresse en titre*, Geliebte des Königs Ludwig XV. von Frankreich. Die Liste der Frauen, die sich dank Schönheit und graziler Wohlgestalt in eine sozial komfortablere Stufe hinaufgearbeitet haben, ließe sich fortsetzen. Ihnen aber Intelligenz und weitere herausragende menschliche Eigenschaften absprechen zu wollen, wäre falsch. Schließlich ist gerade das Beispiel der Madame de Pompadour ein eindrückliches Zeugnis dafür, was erreicht wird, wenn sich Schönheit mit Klugheit paart. Im Gegensatz zu anderen «Dienstleisterinnen» und ebenso ihren Vorgängerinnen und Nachfolgerinnen kalkulierte Madame von Beginn ihrer «Amtszeit» weitsichtig ein, dass körperliche Köstlichkeiten einem unbarmherzigen Verfalldatum unterworfen sind. Und zudem wusste sie genau, dass dies auch dem König nicht entgehen würde. Sie war eine Meisterin der Diplomatie, sicherte sich durch Vernetzung und Bündnisse ihre Stellung. Und da sie zur damaligen Zeit als eine der gebildetsten Frauen galt, gab sie auch nach Beendigung ihres Daseins als Bettgespielin des Königs weiterhin den Ton bei Hofe an. Die sexuellen Bedürfnisse des einstigen Geliebten wurden von ihr weitsichtig verwaltet, und sie sorgte mit großem Organisationstalent für dessen regelmäßige hormonelle Entlastung, ohne ihre Stellung aufgeben zu müssen und ohne einer Nachfolgerin Platz zu machen. So wurden die dafür vorgesehenen Damen dem König jeweils nur ein einziges Mal zu Diensten gestellt, um die Möglichkeit einer sich anbahnenden Beziehung möglichst gering zu halten. Leider steht diese verwaltungstechnische Strategie heutigen Frauen kaum zur Verfügung. Die Zahl derer, die jäh von einer anderen, in der Regel wesentlich Jüngeren, ersetzt werden, ist immerhin beachtlich.

Man könnte nun diesen Herren vorwerfen, die jeweilige Frau an ihrer Seite vor allem ihrer erotischen Attribute wegen zu erwählen, die sie in der Öffentlichkeit wie eine Trophäe als sichtbares Zeichen der eigenen genitalen Leistungsfähigkeit vorzeigen möchten. Gelegentlich berührt es beinahe peinlich, wie sich gestandene, intelligente Männer plötzlich wie Achtzehnjährige gebärden und voller Stolz ihre Eroberungen präsentieren.

Die Verurteilung dieses männlichen Verhaltens ist aus feministischer Sicht Programm. Mit bissiger, gehässiger Kritik und vor allem Geringschätzung kommentieren nicht nur wir Feministinnen derartiges Balz- und Brunftgehabe. Wenn wieder einmal eine unrühmliche Affäre auffliegt, bei der ein Herr seinem Triebhaushalt blind gefolgt ist und damit seiner Karriere ein jähes Ende setzt, bleiben Spott und Hohn nicht aus: wieder ein Beweis dafür, wie leicht die männliche Verstandeszentrale außer Betrieb zu setzen ist. Auch ich bekenne, mich über lange Zeit dieser Beurteilung angeschlossen zu haben – bis ich eines Besseren belehrt wurde.

Alles fing harmlos und völlig unspektakulär an. Eines Tages meldete sich in meinem Sekretariat ein Mann, der unbedingt zu mir in die Psychotherapie kommen wollte. Die Information, dass ich derzeit aus Zeitgründen keine Therapien mehr mache, nahm er nicht zur Kenntnis, sondern wiederholte seine Anfrage. Nach dem zehnten Mal baten mich meine Mitarbeiterinnen, sie von diesem penetranten Anrufer zu befreien. Schließlich erklärte ich mich bereit, ein kurzes Telefongespräch mit ihm zu führen, mit der Absicht, ihm zu einer Adresse eines geeigneten Psychotherapeuten zu verhelfen. Dazu kam es aber nicht, er war nicht umzustimmen. «Nein», sagte er bestimmt, «ich will keinen anderen Psychotherapeuten. Ich will nur zu Ihnen, denn Sie kennen sich mit Frauen aus, und es geht um meine Frau. Sie will mich verlassen, Sie müssen mir helfen und erklären, wie sie tickt und was ich machen kann, damit ich sie zurückgewinne.» Und dann sagte er noch einen Satz, der mich unverzüglich von meiner Ablehnung abweichen ließ, denn er fügte hinzu: «Wissen Sie, ich kann ohne meine Frau nicht leben: sie ist so wunderschön.» Er argumentierte nicht, dass er sie derart liebe oder Ähnliches, nein, er sagte, er könne ohne die Schönheit seiner Frau einfach nicht leben, und es klang so erbärmlich wie ein Hilferuf eines Ertrinkenden. Diese Äußerung hat mich nicht nur sehr berührt, sondern mein Interesse war geweckt, die Bedeutung eines solchen Satzes zu verstehen. Ich wollte herausfinden, wie es möglich ist, dass ein erwachsener Mann derart nach Schönheit dürstet. Ich lernte ihn dann kennen, einen sehr attraktiven Mann, der aber innerlich eher einem verhungerten Kind glich. Seine seelische Landschaft, in die er mich Einblick nehmen ließ, war derart ausgemergelt und vertrocknet, kein Grashalm weit und breit, von blühenden Blumenfeldern ganz zu schweigen. Sein Intellekt indessen funktionierte vorzüglich, geradezu brillant, er hatte seine Wissensdefizite aufgrund einer ziemlich erfolglosen Schulzeit – er musste immerhin zweimal eine Klasse wiederholen – dank gezielter Weiterbildung nachgerüstet und hatte sich dann zu einem erfolgreichen Finanzfachmann hochgearbeitet. Nur emotional wirkte er geradezu wie behindert, derart ungeschickt, ja analphabetisch. Er konnte kaum über seine Gefühle sprechen, geschweige denn diese wahrnehmen. Alles, was mit Emotionen zu tun hat, war für ihn eine Fremdsprache. Er hatte sich derart verloren, dass er nur noch mit versteinertem Gesicht wie ein Roboter in einer abstrakten Zahlenwelt funktionierte.

Wenn er indessen von seiner Frau sprach, veränderten sich unverzüglich seine Gesichtszüge, seine Art zu sprechen kam nicht mehr wie aus der Pistole geschossen, war nicht mehr gezielt auf die Präzisierung eines Sachverhaltes ausgerichtet, sein Blick spazierte tastend umher, und beinahe träumerisch erzählte er von ihr. In einem solchen Moment kam mir zum ersten Mal der Gedanke: Wie gut, dass es für ihn noch etwas auf der Welt gibt, dass ihn zu verzaubern vermag. Die Therapie mit dem Klienten dauerte mehrere Jahre. In unserem Abschlussgespräch sagte er: «Ich habe zwar meine Frau nicht mehr zurückgewonnen, aber ich habe mich gefunden.» In der Tat hatten seine Reflexionen dazu geführt, zugeschüttete und mit Unkraut überwucherte Blumenbeete freizuschaufeln, eingeschlossene schmerzhafte Erinnerungen aus dem Verlies zu befreien, gelegentlich mit Tränen begleitet. Sein Gesicht löste sich aus seiner Versteinerung.

Ich erinnerte mich an die unzähligen Männer, die ich eher belächelte, denen ich unersättliche sexuelle Absichten unterstellte, wenn sie einer Frau hinterherhechelten. Vielleicht aber hatten sie sich im Alltag derart in staubtrockenem Wüstengebiet verirrt, dass sie nach einer blühenden Vegetation geradezu lechzten. Könnte es sein, dass weibliche Schönheit als Mittel der Verzauberung dient, jenseits von sexistischen Allüren und Machenschaften?

Wenn sich seelische Gebiete in einem derart vertrockneten Zustand befinden, dass nur noch ein Monsun, der von außen hereinbricht und alles durchdringt, vor einer endgültigen Vertrocknung rettet, ist die zwingende Dringlichkeit, die sich gelegentlich wie eine unkontrollierte Sucht zeigt, erklärbar. Dieser Gedanke hat mein Menschenbild bezüglich Männern ins Wanken gebracht und mich dazu bewogen, mich ernsthaft damit auseinanderzusetzen und es zu untersuchen. Ich bin inzwischen in zahlreichen Interviews, die ich mit Männern aus unterschiedlichen sozialen Umfeldern geführt habe, gezielt diesen Fragen nachgegangen, um meine Thesen zu überprüfen. Die Gespräche, die ich führte, waren für mich sehr aufschlussreich, jedenfalls veranlassten sie mich, in meinem Denken einige Korrekturen vorzunehmen.

Wer jahrelang denkt, Männer seien vor allem triebgesteuerte Wesen, sie hätten nichts anderes im Sinn, als sich sexuell abzureagieren, «schwanzgesteuert» also, wird diesen Gedanken nicht per Knopfdruck loswerden. Die vielen übereinandergeschichteten Beurteilungen müssen einzeln revidiert werden, und man muss sich innerlich für den Irrtum entschuldigen. Ich bin gerade dabei, den eigenen Gedankenstapel durchzugehen und zu bearbeiten, habe aber noch viel zu tun. Statt der Pauschalbeurteilung, Männer seien ausschließlich an Sex interessiert, verwende ich inzwischen den Begriff der Ver- und Bezauberung. Und immer wieder ertappe ich mich dabei, dass ich bei besonders verhärmter und karger männlicher Seelenlage erleichtert denke, Gott sei Dank lässt sich dieser Mann gelegentlich wenigstens von der Schönheit eines weiblichen Wesens verzaubern.

Es ist also nicht nur der Verlust der Schönheit, den es zu verkraften gilt, sondern im gleichen Maße müssen wir feststellen, dass die Zauberkraft, über die wir so viele Jahre verfügten, ihre Wirkung verliert.

Generation Botox

Wer den Zusammenhang versteht, wie dicht weibliche Identität mit der Möglichkeit verbunden ist, das eigene Leben günstig und gewinnbringend zu beeinflussen und zu gestalten, wird sofort begreifen, dass der Versuch, Schönheit so lange wie nur irgendwie möglich zu erhalten, durchaus verständlich ist.

Der schleichende Übergang von der vollen Blütezeit in die Phase des allmählichen Verblühens ist wohl eine der härtesten Einschnitte für Frauen. Irgendwie ist es ja wie ein Verlust des Selbstbildes oder gar die Verletzung der eigenen Identität. Die verschiedenen Inszenierungen erzählen bildhaft, wie Frauen versuchen, mit dieser Kränkungsgeschichte umzugehen.

Die einen ignorieren die schmerzliche Erfahrung, schließlich haben viele Frauen darin Übung, sich mit beinahe unzumutbaren Bedingungen zu arrangieren. Und so, wie sie auch mutig durch andere sperrige Lebensgebiete geschritten sind, so nehmen sie die Vergänglichkeit und den Verlust der Schönheit einfach nicht zur Kenntnis. Sie leben nach dem altbewährten Grundsatz, wenn ich nicht will, dass es das gibt, gibt es das auch nicht. Deshalb werden sie alles daransetzen, gewisse Bestandsaufnahmen entweder zu übergehen oder sie als blanke Phantasiegeschichten von irgendwelchen durchgedrehten Feministinnen abzutun. Dabei verrät ja gerade die massive Abwehr, dass im Hinterhalt die drohende Gefahr einer tiefen seelischen Verletzung lauert, der man lieber nicht begegnen möchte.

Andere greifen zur Machbarkeitshybris, schließlich kann man heutzutage alles machen, korrigieren, reparieren oder gar völlig neu erschaffen. Man kann bereits von einer Generation Botox sprechen. Diese Frauen konfrontieren sich durchaus mit der Realität, sind aber nicht bereit, diese einfach sang- und klanglos hinzunehmen. Sie kämpfen beherzt gegen die sichtbaren Zeichen des Alterungsprozesses an, nehmen alles Unzumutbare tapfer in Kauf, legen sich voll Hoffnung, ja beinahe beschwingt unters Messer des Schönheitschirurgen, fest davon überzeugt, der Vergänglichkeit ein Schnippchen zu schlagen. Der Versuch, die Blütezeit mit einem speziellen technischen Kniff oder chemischen

Düngemittel noch zu verlängern, ist zwar verständlich und für eine kurze Zeitdauer sind auch durchaus recht nette Resultate zu erkennen. Gelegentlich jedoch zeigen sich leider monströse Verunstaltungen, die sich für die betreffenden Frauen katastrophal auswirken. Wenn man bedenkt, in welche inneren Krisengebiete das Älterwerden Frauen führt, ist doch eigentlich jeder Versuch, dem Verfall entschieden etwas entgegensetzen zu wollen, verständlich. Koste es, was es wolle; schmerze es noch so sehr; wie auch immer, risikofreudig wird die gesamte Palette der Gegenmaßnahmen eingesetzt, um dem Älterwerden einen Riegel vorzuschieben.

Es gibt für Mitteleuropa keine offiziellen statistischen Erhebungen auf diesem Gebiet. Die im Folgenden aufgeführten Daten beruhen daher auf individuellen Einschätzungen der Mitglieder der Deutschen Gesellschaft für Ästhetisch-Plastische Chirurgie (DGÄPC). Nach deren Erhebungen wurden im vergangenen Jahr 400 000 ästhetisch-plastische Operationen durchgeführt. Zu den beliebtesten Eingriffen zählen Fettabsaugungen, Ohrenkorrekturen, Entfernung von Tränensäcken und Schlupflidern, Facelifting, Nasenkorrekturen, Oberschenkel-, Gesäß- und Bauchdeckenstraffung sowie Brustoperationen. Botox-Unterspritzung, die bereits im Kosmetiksalon ohne medizinisches Fachwissen angeboten wird, ist zweifellos der Leader unter den Verjüngungsversuchen, Tendenz steigend. Da mag der eine oder andere verständnislos den Kopf schütteln. Von Schönheitswahn wird gesprochen, vom großen Irrtum, nur auf Äußeres zu setzen und innere Werte verkümmern zu lassen. Sollte in der operativen Aktion etwas schiefgelaufen sein, folgt oft die Schadenfreude auf dem Fuß. Gelegentlich bedient sich selbst die Werbung der missglückten Versuche. So konnte man in einer Schweizer Sonntagszeitung jüngst ein ganzseitiges Inserat sehen, das eine ältere Frau mit sichtlich verunstalteten aufgespritzten Lippen mit dem Text zeigte: *Nicht jede Renovation glückt – Schweizerischer Gipserverband.* Zweifellos ein kreativ geglückter PR-Coup, der auf die Qualität des Handwerks hinweist, der gleichzeitig indirekt die Mitteilung verkündet, wenn schon renovieren, dann bitte gefälligst mit Fachleuten. Überdies wird auch noch ein kräftiger Schuss Bosheit mitgeliefert: Wer schon so blöd ist, sich unters Messer zu legen, muss sich hinterher nicht beklagen, wenn das Resultat nicht den Wünschen entspricht.

Der ganze Bereich der Schönheitsoperationen kann aber nicht einfach unter der Rubrik Oberflächlichkeit abgelegt werden. Nicht alle Frauen, die sich einer Schönheitsoperation unterziehen oder sich die Falten unterspritzen lassen, sind blöd und ausschließlich an Äußerlichkeiten interessiert. Könnte es denn nicht sein, dass im menschlichen Wesen eine Grundsehnsucht nach Schönheit und Vollkommenheit angelegt ist? Sind wir nicht einfach überwältigt, wenn wir eine wunderschöne Rose, eine Lilie, eine Orchidee erblicken? Sind wir oberflächlich und dumm, wenn wir die Schönheit eines Vogelzuges am Himmel bestaunen? Sind wir nicht in der Lage, uns mit philosophischen Gedanken zu beschäftigen, wenn wir uns vom Silberglanz eines Sees berauschen lassen? Wenn wir einen Strauß mit wunderschön blühenden Blumen erhalten, ist es da nicht das Natürlichste auf der Welt, wenn wir bemüht sind, den Zustand der Blüten so lange wie möglich zu erhalten? Wenn wir täglich für frisches Wasser sorgen und Produkte beigeben, die den Blütenstand möglichst lange konservieren, oder wenn wir abgestorbene Blätter sorgfältig entfernen: Heißt das, dass wir an inneren Werten nicht interessiert sind?

Könnte es sein, dass die Beschäftigung mit schönen Dingen, die uns umgeben, und das Bemühen, Schönheit zu erhalten, genauso eine deutliche menschliche Signatur für die Sehnsucht nach Vervollkommnung sind? Könnte es nicht auch sein, dass es ein archetypisches Verlangen gibt, den Tempel, in dem die Seele wohnt, so schön wie möglich zu gestalten? Wenn wir uns mit Bildmeditation beschäftigen, lassen wir dann vor unserm inneren Auge einen stinkenden verdreckten Tümpel entstehen oder wollen wir uns mental in das kristallklare Wasser eines Bergsees vertiefen? Die Sichtweise, Menschen, die auf ihr äußeres Erscheinungsbild großen Wert legen und den Verlust der Schönheit möglichst lange hinauszuschieben versuchen, seien definitiv oberflächlich und nur an Äußerlichkeiten interessiert, ist eindeutig falsch. Das Gegenteil könnte genauso gut der Fall sein.

Frauen, die also versuchen, ihre Schönheit so lange als möglich zu erhalten, sind weder blöd noch oberflächlich. Sie folgen einerseits einer Ursehnsucht, andrerseits aber auch dem innigen Wunsch, eine drohende schmerzliche Erfahrung zu vermeiden. Ein Mann, der versucht, sein Vermögen mit allen Mitteln der Kunst zusammenzuhalten, würde für sein Bemühen Anerkennung und Lob erhalten.

So weit, so gut. Und nun kommt die Kehrseite dieser Betrachtungsweise. So viel Verständnis für den Erhalt der eigenen Schönheit auch aufgebracht werden kann, so meldet sich dennoch aus dem Hinterland ein drängendes «Ja, aber».

Mira, 66, verheiratet, kinderlos, verkehrte im Lifestyle-Milieu: «Die erste Totalunterspritzung leistete ich mir mit 61 Jahren. Es war einfach überwältigend. Meine Freunde fragten mich, ob ich einen langen Erholungsurlaub gemacht hätte. Ich sah tatsächlich um einige Jahre verjüngt und strahlend aus. Ich genoss mein Aussehen nochmals in vollen Zügen. Meine einzige Besorgnis galt dem Gedanken der Dauerhaftigkeit, ich inspizierte mich täglich im Spiegel, ob sich bereits Rückbildungen zeigen. Die ersten drei Monate entdeckte ich nichts, rein gar nichts. Und ich hoffte schon, es möge immer so bleiben. Aber dann allmählich wich die sanfte Unterpolsterung, und die alten, etwas härteren Gesichtszüge meldeten sich zurück. Nach exakt sieben Monaten war alles wie gehabt. Freunde fragten nun, ob ich krank sei. Ich war sehr verzweifelt. Mit meinem Mann (71), der mich in dieser Zeit wirklich sehr liebevoll begleitete, besprach ich, ob ich mich einer zweiten ‹Kur› unterziehen sollte, die ich dann auch machen ließ. Diesmal aber war bereits nach fünf Monaten der alte Zustand wieder da. Da fasste ich mir ein Herz und sagte mir, jetzt ist einfach Schluss, ich will zu meinem Gesicht, das ich jetzt habe, stehen. Und damit begann nochmals ein neues Kapitel in meinem Leben, ja, eigentlich möchte ich beinahe sagen, ein neues Leben begann.»

In diesem Beispiel wird deutlich: Auch wenn wir uns noch so sehr um den Erhalt der Schönheit bemühen und alle Hilfsmöglichkeiten nutzen, die uns in der heutigen Zeit zur Verfügung stehen, irgendwann klopft die Vergänglichkeit dennoch an die Tür. Und nun liegt es an uns, einen Weg zu finden, wie wir damit umgehen, damit wir uns nicht in Hoffnungslosigkeit verlieren, sondern bereit zum Aufbruch sind, um eine neue Freiheit zu gewinnen.

Schlagseite von Anfang an

Um sich mit der Vergänglichkeit, die uns mit dem Verlust der Schönheit unbarmherzig konfrontiert, anfreunden zu können, ist eine möglichst breitgefasste Analyse hilfreich. Es gilt, die prägenden Einflüsse, die bei der Ausgestaltung der weiblichen Identität mitgewirkt haben, zu verstehen.

Hier kommen wir um einen zusätzlichen Aspekt nicht herum, den wir am liebsten aus unserem Bewusstsein ausblenden würden. Er ist derart unangenehm, dass viele es vorziehen, ihn lieber nicht zur Kenntnis zu nehmen: Weit mehr als die Hälfte der werdenden Eltern wünschen sich ein männliches Kind! Die Autorin Imme de Haen führt in ihrem Buch *Aber die Jüngste war die Allerschönste* eine Befragung werdender Eltern auf, die von Candida und James Peterson durchgeführt worden ist. Das Resultat lässt einen erschauern: 92 Prozent der Väter und 90 Prozent der Mütter wünschen sich einen Jungen. Nun, diese Zahlen sind bereits zwei Jahrzehnte alt. Aber auch neuere Untersuchungen zeigen einen eindeutigen Trend, wenn auch etwas abgemildert.

Die Präferenz für einen männlichen Nachfolger ist und war keineswegs nur eine private Angelegenheit, sie war auch durchaus verankert. In der Schweiz gab es 1965 noch kantonale Regelungen, die bei der Geburt eines Jungen eine Stammhalterprämie von 20 Franken bezahlten, während die Mädchen leer ausgingen. Das heißt nicht, dass es nicht immer wieder Paare gibt, die sich sehnlichst ein Mädchen wünschen, aber sie sind wohl eher Ausnahmeerscheinungen. Bei Seminaren, die ich durchführe, will ich jeweils den heutigen Stand ermitteln, indem ich frage, wer von den weiblichen Teilnehmerinnen denn eigentlich ein Junge hätte sein sollen. Ungefähr zwei Drittel melden sich, der Rest wird nachdenklich. Die Gegenprobe bei männlichen Teilnehmern spricht ebenfalls Bände; kaum einer, der sich meldet, die Frage wird als derart abwegig empfunden, dass kaum Notiz davon genommen wird. Statt sich über Kulturen zu wundern oder gar zu ärgern, die sich unaufhaltsam in Mitteleuropa häuslich niederlassen und den Männlichkeitskult in ungefilterter Form zelebrieren, könnten diese Stichproben dazu anregen, über die eigenen Präferenzen in dieser Hinsicht nachzudenken, selbst wenn bei uns nicht, wie in Indien, jeden Monat 50 000 weibliche Föten abgetrieben werden.

Während der größte Teil der männlichen Kinder von Anfang an mit dem Grundkapital, erwünscht zu sein, ins Leben startet, haben viele Mädchen bereits zu Beginn ihres Lebens eine Hypothek zu tragen, die da heißt: Ich sollte anders sein. Der kleine Junge ist erwünscht und wird herzlich willkommen geheißen; auf ihm lastet aber auch nach wie vor die elterliche Erwartung, sich als Stammhalter würdig zu erweisen, selbst dann, wenn es schon längst keinen Stamm mehr zu halten gibt. Besonders dramatisch ist das in Familien, in denen sich trotz mehrerer Kinder kein Junge einstellt. Die Frustration der Eltern bei der Geburt des ersten Mädchens ist noch einigermaßen erträglich, beim zweiten Mädchen wird es schon schwieriger; und kommt es gar zu einem dritten Versuch, der wieder nicht das sehnlichst erwünschte Resultat bringt, ist die Enttäuschung groß. «Wie viele Mädchen verdanken wohl ihre Existenz dem verzweifelten Versuch, einen Jungen zu zeugen!», hat Elena Biotti gemeint. Was es für Mädchen bedeutet, im falschen Geschlecht zur Welt gekommen zu sein, zeigt sich in ihrem späteren Verhältnis zum eigenen Körper und der Überzeugung, trotz Wohlgestalt eine lange körperliche Mängelliste aufzuweisen. Die meisten Frauen leiden unter mangelndem Selbstbewusstsein, es ist die weibliche Krankheit Nummer eins. Ein Kind erlebt sich im Spiegel der Beantwortung, daraus entwickelt es sein Selbstbild. Wird einem Kind vermittelt, dass es willkommen und wertvoll ist, so kann es diese Botschaft in seinen Zellen einlagern und daraus ein gutes Selbstwertgefühl entwickeln. Und wer ein gutes Selbstwertgefühl hat, ist auch selbstbewusst und selbstsicher.

Viele Frauen jedoch zeichnen sich nicht gerade durch ein gutes Selbstbewusstsein aus, sondern durch die stete Anstrengung, sich zu verbessern, zu optimieren, sowohl im Verhalten wie auch in der äußeren Erscheinung. Sie bemühen sich, möglichst zu gefallen, und zwar allen, was in der Fähigkeit endet, wie ein Seismograph Erwartungen anderer aufzunehmen und sich anzupassen. So sind viele Frauen später in der Lage, komplizierte innere Verrenkungen vorzunehmen, um ihre eigenen Wünsche und Bedürfnisse in Schranken zu halten und es über Jahre in höchst problematischen Verhältnissen auszuhalten. Nein, das ist leider nicht Schnee von gestern, sondern aktuell wie eh und je! Wer daran zweifelt, sollte sich einfach mal die Mühe machen, mit Frauen in ein offenes Gespräch zu kommen, wenn sie ehrlich und wahrhaftig über all das sprechen, was sie beschäftigt. In der Regel ist das die beste Freundin, die eine der wichtigsten Funktionen für die innere Balance und Stabilisierung des Selbstbewusstseins übernimmt. Denn mit ihr wird alles besprochen, Quälendes und Erfreuliches. Die beste Freundin erfährt als Erste – noch vor dem eigenen Partner –, wenn es in der Beziehung kriselt, sie ist die erste Adresse, wenn es darum geht, Zukunftspläne zu schmieden und neue Perspektiven anzupeilen. Nicht umsonst haben neun von zehn Frauen eine beste Freundin. Ein Sammelplatz, um über sich zu reflektieren und zu sprechen, ist der Friseursalon. Wenn sich Frauen bei der Friseurin gut aufgehoben fühlen, berichten sie dort über ihre Sorgen und Probleme. In Brasilien soll es bereits ein Projekt geben, Friseurinnen speziell darin zu schulen, auf verschlüsselte verbale Zeichen zu achten, die auf Gewalterlebnisse hindeuten könnten, um allenfalls einen Hinweis für Hilfsangebote geben zu können.

Man könnte einwenden, dass ein kleines Kind bei seiner Geburt noch gar nichts verstehen kann und demzufolge von der eher abweisenden Reaktion der Eltern nichts mitbekommt. Doch das ist ein großer Irrtum. So wie sich die elterliche Vorstellung über das zu erwartende Kind in der Namensgebung zeigt, wirkt sich die nonverbale Haltung ebenfalls aus. Die Eltern müssen bei der Ankunft eines Mädchens nicht ausgerufen haben: «Wie schrecklich, ein Mädchen!», sondern es genügt, dass sie es denken. Sämtliche Handlungen, die an dem Kind verübt werden, und seien sie noch so sorgfältig ausgeführt, werden von einem Gefühl der Enttäuschung getragen sein. Das Mädchen wird die

Botschaft aufnehmen und ein Leben lang versuchen, die Enttäuschung wiedergutzumachen und sich den Wünschen zunächst der Eltern und später im Erwachsenenalter denen anderer anzupassen. Denn das Gefühl, ich sollte eigentlich anders sein, sitzt tief. Wer einmal vor einem vollen Kleiderschrank stand und dachte, ich habe eigentlich nichts zum Anziehen, kennt dieses Gefühl der Hoffnungslosigkeit, das einem zuflüstert: «Was auch immer du tust, es ist nie gut.» Julia Roberts, für viele Frauen die Ikone für Weiblichkeit und Schönheit schlechthin, sagte in einem Interview: «Wenn ich ausgehe, ziehe ich mich mindestens noch dreimal um, denn plötzlich denke ich, es sieht alles ziemlich blöd aus.» Der Stachel, nicht zu genügen, sitzt tief.

Die enorme Anpassungsleistung, die viele Frauen erbringen, lässt sich jedenfalls als hoffnungsvoller Versuch, doch noch Wertschätzung zu erfahren, verstehen – dem Stigma des Unerwünschtseins zu entkommen. Als eine der ersten Lektionen wird das kleine Mädchen lernen, dass es Werte gibt, bei denen ein kleiner Junge nicht mithalten kann. Gelegentlich wird es Bemerkungen über seine äußere Erscheinung oder über die anderer Mädchen zu hören bekommen, wie niedlich, hübsch oder gar zauberhaft es selbst oder sie doch seien. Auf diese Weise bildet sich so etwas wie eine Notlösung, die sich zukünftig wie ein roter Faden durch das ganze Leben zieht: Schönheit, äußere Attraktivität, Ästhetik wird sich als Schutzschild gegen kränkende Entwertungserlebnisse etablieren. Schönheit, letztlich begehrt zu werden, ist die Währung, die zukünftig über das Wohlbefinden entscheiden wird. Deshalb steht für viele Frauen das körperliche Erscheinungsbild an oberster Stelle ihres Interesses, schließlich ist es ihr Grundbesitz, mit dessen Hilfe sie sich in der Welt einrichten. Dabei ist es nicht ausschlaggebend, ob sie es direkt darauf absieht, aus ihrem Äußeren Kapital zu schlagen, indem sie sich etwa einen vielversprechenden finanzstarken Mann angelt, oder ob sie es als berufstätige Frau nebenbei als Joker einsetzt. Jedenfalls spielt für die meisten Frauen ihr äußeres Erscheinungsbild eine große Rolle, sie wollen so gut als möglich aussehen, um das Beste für sich herauszuholen. Die Frau ab fünfzig wird feststellen müssen, dass genau das immer schwieriger wird. So ist es nur zu verständlich, wenn sie alles unternimmt, um der Bedrohung konsequent entgegenzuwirken.

Das Mädchen mit den Schwefelhölzern

Nicht nur im familiären und privaten Beziehungsumfeld lauert Gefahr, sondern gleichermaßen im beruflichen Bereich. Je mehr eine Frau in der Öffentlichkeit steht, umso größer ist der Druck, sich möglichst jung und attraktiv zu präsentieren. Dass dabei berufliche Qualifikationen weniger ins Gewicht fallen, wird vor allem bei Journalistinnen deutlich, die ihre Texte nicht nur am Schreibtisch verfassen, sondern diese auch noch am Bildschirm vortragen. Die Unerbittlichkeit im ausgeleuchteten Studio bringt jede noch so kleine Unebenheit ans Licht. Moderatorinnen sitzen auf dem heißen Stuhl der gnadenlosen Beurteilung. Spätestens nach dem fünfzigsten Geburtstag müssen sie sich auch vom durchaus wohlmeinenden Freundes- und Kollegenkreis die Frage gefallen lassen: Wie lange willst du das denn eigentlich noch machen?

Schauspielerinnen haben es etwas komfortabler, sie wechseln von der jugendlichen Liebhaberin ins ernste Fach der Charakterdarstellerin mittleren Alters, später dann ins Elendsviertel der Schicksale von Versehrten, Verwirrten und Dementen. Obwohl die Klaviatur der unter Beweis gestellten darstellerischen Fähigkeiten damit wächst, scheint der Umstieg von einer Altersphase in eine höhere dennoch alles andere als leicht zu fallen. Das zeigt sich an jenen Frauen, die darum kämpfen, doch noch im jüngeren Rollenfach besetzt zu werden. Dann kann es geschehen, dass bekannte Gesichter nach einem operativen Generaleingriff kaum wiederzuerkennen sind. Daneben gibt es aber auch all jene Darstellerinnen, die mit großer Souveränität und Gelassenheit, wenn nicht sogar mit Freude, den Wechsel vollziehen. Einige wenige gehen nochmals einen anderen Weg; mit einer unerbittlichen Konsequenz weigern sie sich, ihren Alterungsprozess öffentlich zur Schau zu tragen. Marlene Dietrich und Greta Garbo haben vorgemacht, wie so etwas geht: vollständiger Rückzug in die eigenen vier Wände. Kein Außenstehender sollte sie je wieder zu Gesicht bekommen.

Nicht zu vergessen jene Frauen, die aufgrund ihrer Geburt oder ihrer Beziehung zu hochkarätigen Würden- oder Titelträgern ständig im Licht der Öffentlichkeit standen und darüber alles andere als erfreut waren. Kaiserin Sisi verweigerte sich bereits ab dem dreißigsten Jahr strikt jedem Ansinnen, sich fotografieren oder porträtieren zu lassen. Sie versteckte ihre einstige legendäre Schönheit hinter einem Fächer, als ob ihr Anblick anderen nicht mehr zuzumuten gewesen wäre. Mit diesem Akt, sich den Augen der Öffentlichkeit zu entziehen, wird auch eine erschreckende Mitteilung gemacht: Ich schäme mich. So wie ich bin, kann ich nicht mehr zu mir stehen. Wie aber kann der Umgang mit sich selbst freundschaftlich sein, wenn man sich derart ablehnt?

Oder nehmen wir Camilla Parker Bowles, die sich jäh in der Öffentlichkeit wiederfand, obwohl sie dies nie anstrebte, und die nun keinerlei Möglichkeit mehr hat, sich öffentlichen Auftritten zu entziehen. Gnadenlos ist sie der Beurteilung ihres Erscheinungsbildes ausgeliefert. Die Spuren des Älterwerdens werden scharf und unbarmherzig dokumentiert. Spöttische Kommentare tun das ihre dazu, sie als Mensch und als Frau zu diskreditieren.

Wo das Private stets öffentlich ist, ist auch das Älterwerden eine öffentliche Angelegenheit und somit nicht zu übersehen. Wer seine Ich-Identität vor allem der Reaktion anderer verdankt, dem kann es passieren, dass er auf einmal ohne dasteht. Viele Frauen berichten davon, auf eigentümliche Weise unsichtbar geworden zu sein. Da, wo sie bisher damit rechnen konnten, Aufmerksamkeit auf sich zu ziehen, bleibt die Reaktion auf einmal aus. Es ist wie ein Herausfallen aus einem gewohnten Ritual. Wie wenn man sich an einen Tisch setzt, um ein Mahl einzunehmen, aber das Essen kommt nie. Bei vielen Frauen dauert es lange, bis sie den Wechsel begriffen haben. Sie versuchen, die mangelnde Resonanz mit erhöhtem Aufwand für das Erscheinungsbild auszugleichen, stets flankiert vom eingebrannten Schlankheitsziel, dem Dauerbrenner der Selbstoptimierung.

Hinter den äußeren Signaturen lauert aber das eigentliche Drama. Was ist, wenn mich keiner begehrt? Wohin mit meiner Sehnsucht, geliebt zu werden? Bin ich überhaupt noch eine vollwertige Frau? Für viele Frauen beginnt das Frausein erst dann, wenn sie ein Blick trifft, der Begehren aufflackern lässt. Wenn in jungen Jahren die Formel lautete: Ich werde begehrt, ich gefalle, also bin ich, dann lautet sie mit dem Älterwerden: Ich werde weder begehrt noch gefalle ich, also gibt es mich nicht mehr.

Raffaela, 65, alleinlebend, einst alleinerziehend, zwei Söhne, drei Enkel: «Als mein Mann starb, war ich gerade mal 52. Ich war nicht mehr jung, aber auch noch nicht alt. Ein ziemlich blödes Alter. Ich hätte gerne nochmals eine Beziehung gehabt, aber es war chancenlos. Männer in meinem Alter lebten bereits in einer Beziehung, für verwitwete oder geschiedene Pensionäre fühlte ich mich zu jung. So blieb ich eben allein. Und wenn ich mir dann Liebesgeschichten im Fernsehen anschaue, kommt es mir vor, als schaute ich anderen beim Glücklichsein zu. Irgendwie ist es ein Leben aus zweiter Hand. Da kann man nichts machen.»

Während die Sehnsucht, geliebt zu werden, unverändert erhalten bleibt, ereignet sich im realen Leben eine schmerzvolle Verschiebung. Das Märchen von Hans Christian Andersen vom kleinen Mädchen mit den Schwefelhölzern erzählt eine Geschichte, in der sich Frauen in vorgerückten Altersphasen leicht wiederfinden: «Es war entsetzlich kalt; es schneite, und der Abend dunkelte bereits: es war der letzte Abend im Jahre. Silvesterabend. In dieser Kälte und in dieser Finsternis ging auf der Straße ein kleines armes Mädchen mit bloßem Kopfe und nackten Füßen.» Das kleine Mädchen hätte Schwefelhölzer verkaufen sollen, hatte aber keine Käufer gefunden. So zündete es sich selbst eines an: «Aus allen Fenstern strahlte heller Lichterglanz und über alle Straßen verbreitete sich der Geruch von köstlichem Gänsebraten.»

Mit jedem Schwefelhölzchen erscheint ihm ein weiteres schönes Bild, das es wärmt und erfreut. «Sie strich wieder ein Schwefelholz gegen die Mauer; es warf einen weiten Lichtschein ringsumher und im Glanz desselben stand die alte Großmutter hell beleuchtet mild und freundlich da.»

Frauen, die sich aufgrund ihres Alters nicht mehr vom reich gedeckten Tisch der Vergnügungen bedienen können, stattdessen auf einem Abstellgleis gelandet sind, schauen anderen beim vergnüglichen Leben zu. Von einem gewissen Alter an drückt man sich die Nase an der Fensterscheibe fremder Leben platt, man schaut den jungen schönen Frauen dabei zu, wie sie sich an allem, was das Leben zu bieten hat, bedienen, wie sie all das nehmen, was ihnen schmeckt. Ältere Frauen lesen in den Hochglanzmagazinen vom Glück der Jungen, Schönen, Reichen, aber für sie bleibt es immer – und je länger, desto mehr – eine unerreichbare, vergangene Welt.

Die Stunde der Wahrheit naht, die Glocke schlägt, es ist Zeit, von dieser Bühne abzutreten. Das eigene Verblühen zu respektieren ist wahrscheinlich für viele Frauen die härteste Nuss, die es im Leben zu knacken gibt.

Hören wir der Marschallin aus dem *Rosenkavalier* noch einmal zu, wie sie hadert, wie sie nachdenkt und wie sie auch den Weg andeutet, der uns vielleicht helfen könnte, mit dem Dilemma einigermaßen zurechtzukommen:

> Was erzürn' ich mich denn? ist doch der Lauf der Welt.
> Kann mich auch an ein Mädel erinnern (...)
> Wo ist die jetzt? Ja, such dir den Schnee vom vergangenen Jahr.
> Das sag' ich so:
> Aber wie kann das wirklich sein,
> dass ich die kleine Resi war
> und dass ich auch einmal die alte Frau sein werd! ...
> Wie kann denn das geschehen?
> Wie macht denn das der liebe Gott?
> Wo ich doch immer die gleiche bin.
> Und wenn er's schon so machen muss,
> warum lasst er mich denn zuschaun dabei,
> mit gar so klarem Sinn? Warum versteckt er's nicht vor mir?
> Das alles ist geheim, so viel geheim,
> und man ist dazu da, dass man's ertragt.
> Und in dem «Wie» da liegt der ganze Unterschied.

Kaum zu glauben, dass das Libretto für diese Oper aus der Feder eines Mannes, Hugo von Hofmannsthal (1874–1929), stammt. So präzis, wie er die innere Dramatik des Älterwerdens der Frau beschreibt, können viele Frauen sich in diesen Worten erkennen und in ihrer innersten Besorgnis verstanden fühlen. Wenn wir Fotos aus jungen Jahren betrachten und eine junge schöne Frau sehen, fragen wir uns auch: «Aber wie kann das wirklich sein!» Oft macht uns die offensichtliche Veränderung antwortlos und vor allem erbittert. Und man fragt weiter: «Wie macht denn das der liebe Gott? Wo ich doch immer die gleiche bin.»

Verglichen mit dem Mann haben wir wirklich die schlechteren Karten gezogen, denken wir. Ein Mann, ob dick oder dünn, der seine Blütezeit schon weit hinter sich gelassen hat und bereits im Stadium einer Trockenpflanze angekommen ist, kann damit rechnen, immer noch als attraktiv gehandelt zu werden. Im Gegensatz zu Frauen. Wenn wir die Phase der Blütezeit hinter uns haben, gleiten wir allmählich in den Zustand des Verblühens, später dann des Dahinwelkens. Da fragt man sich tatsächlich: «Und wenn er's (der liebe Gott) schon so machen muss, warum lasst er mich denn zuschaun dabei, mit gar so klarem Sinn? Warum versteckt er's nicht vor mir?»

Ja, wenn wir irgendwo auf einer Insel wohnten, fernab jeder Möglichkeit, in einen Spiegel zu schauen, hätten wir mit dem Älterwerden weniger Probleme. So aber müssen wir uns selbst dabei zuschauen, wie wir allmählich die Schönheit verlieren. Vielleicht eine Schikane, ausgedacht von einer strafenden allmächtigen Gottheit, die uns in die Knie zwingen, demütigen und kränken will? Oder steckt in allem doch etwas Größeres, das es zu erforschen gilt? Folgen wir weiter dem Text der Marschallin: «Das alles ist geheim, so viel geheim, und man ist dazu da, dass man's ertragt. Und in dem ‹Wie›, da liegt der ganze Unterschied.»

Vielleicht geht es tatsächlich nicht nur darum, es einfach zu ertragen, zu erdulden, sich wie ein Schaf auf die Schlachtbank führen zu lassen, sondern dem Schöpfungsplan auf die Schliche zu kommen, zu ergründen, was sich hinter diesen Herausforderungen verbirgt und vor allem, das «Wie» zu verstehen.

Heut oder morgen oder den übernächsten Tag

Auch wenn es einigermaßen gelingen mag, mit dem Älterwerden vernünftig oder gar gelassen umzugehen, so führt das Schicksal dennoch eine Gefahr mit sich. Für viele Frauen steht die Angst, verlassen zu werden, dicht bei Fuß. Und je älter wir werden, umso größer wird jenes Gefahrenpotential, vor dem sich die meisten Frauen fürchten wie der Teufel vorm Weihwasser. Im *Rosenkavalier* spricht die Marschallin jene Worte aus, die wie ein Damoklesschwert über der weiblichen Seele hängen:

> … heut oder morgen geht Er hin
> und gibt mich auf um einer andern willen,
> die schöner oder jünger ist als ich.

Die Mai-September-Beziehung, junge Frau mit älterem Herrn, ist in unserer Gesellschaft an der Tagesordnung. Die möglichen Tragödien, die im Hintergrund stehen, werden ausgeblendet, denn oft gibt es zu diesen Konstellationen insofern eine Vorgeschichte, als die gleichaltrigen Partnerinnen lautlos entsorgt und ihre Rolle mit der einer jüngeren Frau besetzt wurden. Während der Mann mit fünfzig, sechzig oder noch älter einfach die Uhr zurückstellt und nochmals von vorne mit Neuorientierung und Familiengründung beginnt, bleibt der Entsorgten die Herausforderung, sich mit dem Verlust in irgendeiner Weise zurechtzufinden und zu überleben.

Eigentlich waren sie eine glückliche Familie. Sven, ETH-Ingenieur, Laura, eidg. Dipl.-Treuhänderin, drei Kinder. Sie führten zusammen das Unternehmen, lebten in einer kleinen Villa in einem Züricher Vorort, die extra für sie erbaut und auf ihre Bedürfnisse zugeschnitten war, mit allem Drum und Dran. Ein Hund, ein Gärtner, eine Haushälterin und ein Kindermädchen gehörten dazu. Die Organisation lief wie am Schnürchen, das Geschäft, das sie zusammen mit viel Enthusiasmus aufgebaut hatten, blühte. Nach der Konsolidierung des Betriebes kümmerten sie sich um Nachwuchs, der sich prompt in dreifacher Ausführung einstellte. Zahlreiche Geschäftsreisen ins Ausland sorgten für ein interessantes und abwechslungsreiches Zusammenleben. Laura, stets mit zurückhaltender Eleganz und Sorgfalt gekleidet, wählte auch für Sven die Bekleidung aus, sie waren ein schönes Paar und überall, wo sie auftauchten, waren sie gern gesehen. So weit, so gut. Aber da gab es das Kindermädchen Gudrun, genannt Gundi, 16, Tochter eines befreundeten deutschen Geschäftspartners aus dem Württembergischen. Obwohl sich deren Eltern nicht lumpen ließen und sie in teuerste Internate steckten, wollte es nicht gelingen, sie zu einem einigermaßen passablen Schulabschluss zu bringen. Sie vermuteten, dass Drogen, wenn auch zweifellos in geringem Maße, eine Rolle spielten. Die Eltern waren sehr verzweifelt und vertrauten sich Sven und Laura an. Da bei den beiden gerade ein Wechsel des Kindermädchens anstand, überlegten sie, ob das nicht eine Möglichkeit wäre – gewissermaßen als Zwischenjahr, hinterher könne man ja weitersehen. Gundi kam – und blieb. Zunächst sorgte sie sich um die Kinder, mit denen sie sich bestens verstand. Auch als diese älter wurden und bereits begannen, das Elternhaus zu verlassen, blieb sie der Familie erhalten, inzwischen 21 und voll erblüht. Schulabschluss, Ausbildung, Beruf waren kein Thema mehr. Sie war von fröhlichem Wesen, unbekümmert und völlig unkompliziert und stets für die kleinen Überraschungen des Alltags zu haben. Sie freute sich wie ein Kind, wenn sich etwas Aufregendes ereignete; ihre intellektuellen Fähigkeiten hielten sich in Grenzen, was sie aber durch ihre stets hilfsbereite und heitere Art wettmachte. Gundi gehörte irgendwie zur Familie. Sie fügte sich nicht nur nahtlos in den Familienbetrieb ein, sondern brachte Farbe ins Familienleben, vor allem, seit die Kinder größer wurden und nur noch die Wochenenden zuhause verbrachten. Als schließlich die Kinderbetreuung kein Thema mehr war, überlegten sich Sven und Laura, ob man sie nicht im Betrieb irgendwo einsetzen könnte. Svens Idee, sie in seinem Büro als Bürokraft anzulernen, gefiel allen. Es zogen nochmals einige Jahre ins Land, und es hätte endlos so weitergehen können. Gundi aber wär längst die heimliche Geliebte von Sven geworden. Obwohl sie ihn dazu drängte, Laura die Wahrheit zu sagen, wich Sven aus: «Ich kann das Laura nicht antun.» Dann wurde Gudrun schwanger und Sven musste Farbe bekennen. Laura fiel aus allen Wolken. Zudem quälte sie sich gerade mit dem Gedanken, ob sie ihren sechzigsten Geburtstag feiern oder lieber einfach stillschweigend darüber hinweggehen wollte. Eines war ihr sofort klar, sie hatte das Spiel verloren, gegen eine junge Frau hatte sie keine Chance. Ihre Zeit war vorbei.

Zu diesem Zeitpunkt kam sie zu mir in Therapie. Sie war am Boden zerstört, die Situation war unerträglich geworden. Gundi lebte inzwischen mit dem Neugeborenen weiterhin im Haus, der Gatte war aus dem ehelichen Schlafgemach ein Zimmer weitergezogen und teilte nun mit Gudrun offiziell das Bett. Es brannte in Lauras verletzter Seele an allen Stellen lichterloh, sie konnte nicht mehr und wollte auch nicht mehr. Zuerst musste die Wohnsituation gelöst werden. Da es rasch geschehen sollte, zog sie unverzüglich zuerst in ein Hotel, dann suchte sie von dort aus eine passende Wohnung. Sie beauftragte einen Anwalt mit der Scheidung und ebenso einen Wirtschaftsberater, der die geschäftlichen Belange zu regeln hatte. Um diese gewaltigen Veränderungen durchzuziehen, war Coaching die richtige Methode: lösungsorientiert, verhaltenszentriert mit einem klar zu umschreibenden Ziel, die häusliche Situation möglichst rasch zu beenden. Als dies erreicht war und sie vorübergehend bis zum Bezug einer eigenen Wohnung in einem guten Hotel untergebracht war, folgte eine über viele Monate dauernde psychotherapeutische Arbeit. Laura setzte sich mit ihrer großen Enttäuschung, mit ihrer Trauer, aber auch mit ihrer Wut auseinander, die sie bestens aus ihrer Kindheit kannte. Sie sah sich lange in der Rolle des Opfers, dem unbeschreibliches Unglück widerfahren ist. Sie drehte sich im Kreis mit der Frage: «Warum ausgerechnet ich? Ich habe mir so viel Mühe gegeben, wollte alles perfekt machen, organisieren und planen, und nun ist mir das Schrecklichste, was ich mir vorstellen kann, zugestoßen. Warum?»

Aus Erfahrung weiß man, dass sich nichts verändern kann, solange man sich in der Opferrolle erlebt. Schließlich ist ein Opfer hilflos, abhängig von irgendeiner Hilfe, die von außen kommen muss und alles wieder zurechtrückt. Andererseits war die tiefe Verletzung, die Laura erlebte, zu verstehen; es war nachvollziehbar, dass eine derartige Erfahrung wie ein Tsunami die seelische Landschaft überflutet hatte. Selbst wenn sich die Flutwellen dann wieder zurückgezogen haben, bleiben Schlamm, Schutt, Verwüstungen zurück. Und die Arbeit geht erst richtig los. Da gibt es Bereiche, die müssen vor allem sorgfältig gereinigt werden, anderes hingegen ist durch das Ereignis derart beschädigt, dass es entsorgt werden muss. Ich schlug Laura deshalb vor, Briefe an diejenigen Personen zu schreiben, die sie für die Schuldigen hielt, auf die sie wütend war, die ihr das alles angetan hatten. Die Briefe sollte sie aber nicht den Adressaten senden, sondern jeweils in die nächste Therapiesitzung mitbringen und mir vorlesen. So las sie mir die vielen Briefe vor, an Sven, an Gudrun, aber auch an die Eltern von Gudrun, die ihr das schließlich eingebrockt hatten.

Bei dieser intensiven Arbeit an der aktuellen Kränkungsgeschichte meldeten sich plötzlich noch andere Personen aus ihrer Familie, die sie ebenfalls enttäuscht, hintergangen und verletzt hatten. So ergab sich eine ansehnliche Anzahl von Personen, mit denen sie noch eine Rechnung offen hatte. Ihre eigene Familie stand plötzlich im Mittelpunkt der Auseinandersetzung. Sie war das älteste von drei Kindern, Marc, der zwei Jahre jüngere Bruder, und Jessica, das Nesthäkchen. Bei der Ankunft von Marc hatte sich ihr Leben drastisch von einem Tag auf den andern geändert. Marc erlitt bei der Geburt einen Sauerstoffmangel, der sich auf seine Entwicklung hinderlich auswirkte. Er war nicht gerade behindert, aber eben etwas langsamer als andere, etwas schwerer von Begriff und benötigte viel fürsorgliche Betreuung, vor allem seitens der Mutter. Nicht, dass sie Laura vernachlässigt hätte, aber alles drehte sich nur noch um Marc. Nähe zur Mutter verschaffte sich Laura dadurch, dass sie sich ebenfalls um Marc kümmerte und Aufgaben übernahm, für die sie von der Mutter gelobt wurde. Als Klassenbeste konnte sie beim Vater punkten. Die Mutter war durch die retardierte Entwicklung von Marc in Beschlag genommen. Sie freute sich mehr darüber, wenn es Marc gelang, selbständig ein Brot zu schmieren, als über das gute Zeugnis ihrer Tochter. Laura erinnerte sich an ein Gefühl tiefster Hoffnungslosigkeit, sie konnte machen, was sie wollte, noch so gute Leistungen erbringen, sie bekam dafür keine Anerkennung. Dann kam ihre kleine Schwester auf die Welt – Jessica, ein zauberhaftes kleines Mädchen. Und nun war auch noch der Vater verloren. Alle waren in das kleine Wesen vernarrt, auch Marc, während für Laura wenig Interesse übrigblieb. Sie steckte diese herbe Enttäuschung weg, machte eine hervorragende Matura, anschließend begann sie ein Wirtschaftsstudium. Sie las mir alle Briefe vor, gelegentlich zwei- bis dreimal die gleiche Textstelle. Sie holte die abgeschobenen und verdrängten Gefühle aus dem Verlies, gab ihnen Worte und drückte alles aus, was sie so sehr bedrängte. Sie weinte oft bitterlich, wütete lautstark, aber hinterher holte sie tief Luft und sagte einfach: Ja, das ist gut so. Es war eine anspruchsvolle und für sie sehr anstrengende Reinigungskur.

Nach dieser psychotherapeutischen Auseinandersetzung war der Weg weitgehend frei geschaufelt. Folgerichtig begann sie, Sinn- und Wertfragen zu stellen. Dabei fiel ihr auf, dass sie auch hier einige Korrekturen vorzunehmen hatte. Die ganze Zeit über war sie davon ausgegangen, wer sein Leben gut im Griff habe, tüchtig sei, sich korrekt verhalte und alles perfekt durchorganisiere, sei auf der absolut sicheren Seite, da könne nichts schiefgehen. Für Paare, die sich scheiden ließen, hatte sie bislang kaum Verständnis aufbringen können. Als sich ein befreundetes Paar mit Eheproblemen herumzuschlagen hatte, riet sie diesen Leuten, sie sollten sich gefälligst mehr zusammenreißen. Das Scheitern einer Ehe war in ihren Augen ein Mangel an gutem Willen. Nun lehrte sie ihre eigene Geschichte, nochmals darüber nachzudenken. Und damit schlug sie ein neues Kapitel in ihrem Leben auf.

Bis zu diesem Zeitpunkt ging sie immer noch davon aus, dass die Schuld vor allem an Sven gelegen hatte, schließlich habe er sich in dieses junge Ding vergafft. Mehr noch: Sie fahndete in ihrer Erinnerung, ob sie nicht unbewusst geahnt haben könnte, dass es irgendwann einmal dazu kommen würde, dass Sven sich einer jüngeren Frau zuwenden und sie verlassen würde.

Dann aber gab es eine gravierende Veränderung. Eines Tages eröffnete sie die Sitzung mit den Worten: Ich hab das Ei des Kolumbus entdeckt. Sie habe sich kürzlich neue Schuhe gekauft, im altbewährten Ballerina-Stil, aber eben neue und aus zartglattem, butterweichem Kalbsleder gearbeitet – zauberhaft. Zuhause stellte sie diese Schuhe, ohne lange nachzudenken, neben die alten, und da habe sie sofort gewusst, dass sie künftig nur noch die neuen Ballerinas tragen würde. Die alten Schuhe habe sie kurzerhand gepackt, in den Abfall geschmissen und die neuen an deren Platz gesetzt. «Ich weiß nicht, ob sich das mit meiner Beziehungssituation vergleichen lässt. Aber jetzt weiß ich, Sven wollte mir nicht schaden, er hatte nichts Böses gegen mich im Sinn. Aber so, wie ich nur noch die neuen, schönen Schuhe benutzen wollte, fühlte er sich von der jungen Frau angezogen. Sie gefiel ihm einfach besser.» So, wie ihr Auge auf die schönen neuen Ballerinas gefallen sei und sie diese den alten vorgezogen habe, so gehe es eben manchmal auch mit Menschen.

Ob dieser Vergleich statthaft ist, sei dahingestellt. Wenn er aber hilft, von einer zermürbenden Schuldfrage Abstand zu nehmen, um wieder in einen freundschaftlichen Selbstkontakt zu kommen, ist er zweifellos in Ordnung. Jedenfalls war dadurch Laura die Möglichkeit gegeben, Sven, der ihr dieses unendliche Leid zugefügt hatte, aus der Ecke des Übeltäters zu entlassen. Kein Wort des Vorwurfs mehr – und damit auch keine Bitternis mehr in ihrem Herzen.

Aus dieser inneren Haltung heraus gelang es Laura, noch einen Schritt weiterzugehen. Ich machte sie auf den Mythos von Merlin und Viviane, vom alten Weisen und dem jungen Mädchen, aufmerksam. Verena Kast schreibt in ihrem Buch *Paare. Beziehungsphantasien oder Wie Götter sich in Menschen spiegeln* über die gegenseitige Belebung, die sich in einer derartigen Beziehungskonstellation abspielt: «In der Verbindung des uralten Merlin mit der jungen Viviane drückt sich demnach aus, dass Merlin ‹erneuert› werde, dass er sich in einer neuen Weise zeigen muss. Viviane bringt ihm ihre Jugend und ihre Liebe, die sowohl Sinnlichkeit, Faszination als auch Geborgenheit vermittelt haben muss.» Viviane erfährt ebenfalls einen Zugewinn ihrer eigenen Möglichkeiten: «Die Sehnsucht, zaubern zu können, letztlich bannen zu können, nach *ihrem Willen*.» Damit wird sie die Handelnde, profitiert von Merlins Wissen und Weisheit. Laura las sich begierig in diese Geschichte ein und gewann zusehends eine neue Perspektive, ihre eigene Beziehungsgeschichte zu sehen und sich von der Vorstellung, ein Opfer einer Beziehungstragödie zu sein, endgültig zu lösen. Das machte sie frei für ihre eigene Lebensplanung. Nach der Scheidung von Sven gab es beruflich für sie nochmals eine große Veränderung. Da sie in ihrem gemeinsamen Unternehmen vor allem für das Verwaltungstechnische zuständig gewesen war, hatte sie ganz vergessen, sich zu fragen, ob sie diese Tätigkeit auch wirklich erfüllte. Denn eigentlich hatte sie Lehrerin werden wollen. Jetzt arbeitet sie als Ausbilderin und unterrichtet in einer Berufsschule – sie sei noch nie so ausgefüllt und glücklich gewesen, sagt sie. Die Narben, die das Erlebnis in ihr zurückgelassen habe, seien zwar noch da, aber sie schmerzten nicht mehr. Nur gelegentlich, bei Wetterwechsel, wenn sie zufällig mit Sven zu tun habe, spüre sie noch ein leichtes Ziehen in der Herzgegend. Aber nur nebenbei.

Nicht immer fügt sich eine leidvolle Beziehungsgeschichte zum Guten. Festzuhalten aber bleibt, dass es die Reflexion war, die Laura zu einer wichtigen Einsicht und der entscheidenden Kehrtwende in ihrem Denken geführt hat, nämlich Sven aus der Rolle des Schuldigen zu entlassen. Damit war der Weg zu sich selbst frei geworden. Sie fand wieder zu sich selbst zurück. Etwas Besseres kann einem Menschen nicht geschehen.

Merci pour ce moment lautet der Titel des Buches von Valérie Trierweiler, langjährige Partnerin des derzeitigen französischen Präsidenten. Es ist ein erschütterndes Protokoll, wie sich François Hollande davonschleicht, um sich mit einer etwas Jüngeren zu vergnügen. Valérie Trierweiler, zunächst völlig ahnungslos, wird von ihren ehemaligen Journalistenkollegen darauf aufmerksam gemacht. Sie will es nicht glauben, stellt ihn zur Rede:

Er fragt zurück: *Qui te dit ça?* (Wer sagt das?)

Sie antwortet: *Ce n'est pas la question, mais de savoir, si tu as quelque chose à te reprocher ou non.* (Das ist nicht die Frage, aber ich möchte wissen, ob du dir etwas vorzuwerfen hast.)

Er: *Non, rien.* (Nein, nichts.)

Freundinnen aus Frankreich, die das Buch sofort nach Erscheinen gelesen haben, schreiben mir: Ja, genau so ist es! Die Männer sagen zuerst einfach *non, rien.* Ich füge hinzu, das sei keine französische Spezialität, es scheine irgendwie ein Klassiker zu sein, mit dem sich viele Frauen herumschlagen. Im Nachhinein ist nicht mehr genau festzumachen, was die größere Verletzung war, der Treuebruch oder die Lüge, die sich wie eine Zecke in der Herzkammer festsetzt und die Möglichkeit des Verzeihens und der Wiederherstellung des Vertrauens äußerst schwer, wenn nicht ganz unmöglich macht.

Als dann in den Zeitungen das erbärmliche Bild eines Präsidenten erschien, der sich nachts aus dem Élysée wegstiehlt, um mit dem Moped zu seiner Geliebten zu eilen, musste Valérie Trierweiler diese schmerzliche Tatsache akzeptieren.

Wie wir uns vor derartigen Verletzungen schützen könnten, weiß ich auch nicht. Aber ich weiß, dass wir in solchen Situationen dringend gute Freunde benötigen, die uns durch diesen Horror begleiten, so lange, bis wieder Licht am Ende des Tunnels zu sehen ist.

Dabei kann auch die Beschäftigung mit Mythen und archetypischen Figuren hilfreich sein. Neben der Geschichte von Merlin und Viviane gibt es den Mythos Ischtar und Tammuz, der Liebesgöttin und ihres jugendlichen Helden. Die Konstellation «ältere Frau – jüngerer Mann» ist viel weniger häufig anzutreffen. Vielleicht hat das auch damit zu tun, dass Frauen stets nach dem alten Muster einen geeigneten Partner suchen, der 15 cm größer als sie sein muss, etwas besser gebildet und mindestens drei Jahre älter. Vielleicht hätten Frauen bessere Chancen, wenn sie diese alten Vorstellungen über Bord werfen würden und sich sagten: Der Mann darf auch ruhig jünger und kleiner als ich sein, ebenso darf die Frau auch durchaus finanzkräftiger sein als der Mann. Hier geraten vielleicht Vorstellungen und Wünsche über die männliche und weibliche Partitur in der Partnerschaft in Kollision. Dabei wäre eine Revision alter Rollenbilder durchaus angesagt, um sich nicht selbst eine Zukunft zu verbauen, die zwar nicht den gängigen geschlechtsspezifischen Zuordnungen entspricht, aber ebenso erfüllend und bereichernd sein kann.

Doch so wichtig Beziehungen auch sein mögen, sie sind keineswegs die einzige Möglichkeit, die späten Jahre für die eigene Entwicklung zu nutzen, unter Umständen steht sogar die alleinige Fokussierung auf die Partnerschaft der Auseinandersetzung mit sich selbst im Weg.

In der zweiten Hälfte des Buches möchte ich die Tür zu einem weiten Land mit vielleicht noch völlig unerforschten Gebieten aufstoßen. Da gibt es noch viel zu entdecken, vor allem, was sich uns an neuen Möglichkeiten eröffnet, unser Leben zu gestalten.

III

Dem eigenen Bauplan auf der Spur

In welche Aktien ist zu investieren?

Wer kennt nicht dieses beglückende Lebensgefühl? Wir wachen am Morgen auf und fühlen uns besonders wohl in unserer Haut. Wir strecken, recken und räkeln uns, spüren ein verdammt gutes Katzenwohlgefühl in den Gliedern, denken, was kostet die Welt. Wir springen aus dem Bett, hüpfen unter die Dusche, vielleicht singen wir gar ein kurzes Halleluja, einfach so, als Dank, hier auf dieser Erde zu sein. Die Miesmacher, die über die Last des Alters jammern, halten die Klappe, wir sind heilfroh, auch nicht das Geringste damit zu tun zu haben, freuen uns gar noch klammheimlich, im Rentenalter angekommen zu sein und nicht mehr in aller Herrgottsfrühe aus dem Haus hetzen zu müssen. Vergnügt und heiter vollziehen wir das tägliche Ritual der Morgentoilette, greifen beherzt in jene Ecke im Kleiderschrank mit unseren Lieblingsstücken, dem mauvefarbenen Kaschmirpulli, passend zum engen tonmäßig assortierten, nach unten leicht verjüngt ausgestellten Rock, kleiden uns an, und es gibt nichts, was uns in unserer guten Laune bremsen könnte. Nach dem Ankleiden werfen wir noch einen kurzen, munteren Blick in den Spiegel und dann – dann aber ist es jäh aus und vorbei mit unserer guten Stimmung. Was wir da sehen, hat nichts mit unserem Wohlgefühl zu tun! Wir denken entsetzt, das kann doch nicht ich sein? Was, dieses schale, farblose alte Weib soll ich sein? Das mauvefarbene Kaschmir hängt wie ein energieloser Fetzen herunter, der Rock, mit jugendlichen Wippfalten ausgestattet, wirkt monströs und matronenhaft wie einst bei der Großmutter. Wir eilen nochmals rasch zum Kleiderschrank, sagen dem Horrorbild mutig den Kampf an, werfen uns was Knallbuntes über, greifen in grimmiger Entschlossenheit zum kosmetischen Farbkasten, überstreichen die gespenstischen Altersflecken mit der dafür geeigneten Anti-Tache-Crème «even better, concentré, correction teint», die uns besorgte Freundinnen zum Sechzigsten geschenkt hatten, collagieren, korrigieren, panachieren, pinseln und pudern und wollen nur eines: diesem zutiefst verabscheuungswürdigen Anblick entkommen.

Ich erinnere mich, wie mich zum ersten Mal die Konfrontation mit dem eigenen Spiegelbild in größte Bedrängnis brachte. Ich saß in einem TV-Studio, wo ich interviewt wurde, dazwischen wurden kurze Einspielungen eingeblendet, ich schaute auf den falschen Monitor und fragte mich etwas beunruhigt: «Woher kommt jetzt diese alte Blondine ins Bild?» (Und um ganz ehrlich zu sein, ich dachte sogar «die blonde, fette Schreckschraube!») Da fasst sich die alte Frau ins Haar und kratzte sich an der Nase, und da ich gerade dabei war, meine Frisur in Ordnung zu bringen und mich an der Nase zu reiben, fiel der Groschen unverzüglich und tonnenschwer, und ich erkannte mich selbst. Der Schock saß tief. Und nur mit Mühe konnte ich dem nachfolgenden Gespräch einigermaßen folgen und mehr oder weniger noch vernünftige Antworten stammeln.

Das soll keineswegs heißen, dass alle Frauen in dieser Weise reagieren. Es gibt auch einige andere Varianten, zum Beispiel die Veränderung ignorieren. Vielleicht gehören wir zu den wenigen Frauen, die sich noch nie allzu intensiv um ihr äußeres Erscheinungsbild gekümmert haben. Wir nehmen die allmählich lichter gewordene Haarpracht gelassen zur Kenntnis, bündeln, was noch vorhanden ist, zu einem lockeren, ausgedünnten Pferdeschwanz – so wie einst, wir lassen uns nicht irritieren und widmen uns unserem Tagesgeschäft. Dies ist die wahrscheinlich komfortabelste Art, mit dem Älterwerden freundschaftlich umzugehen und sich nicht ins Bockshorn jagen zu lassen.

Aber so einfach ist es bei weitem nicht für alle. Für den Großteil der Frauen ist es eine der schwierigsten Herausforderungen, mit den körperlichen Veränderungen, um es genau zu sagen, mit dem Verlust der Schönheit, umzugehen. Die Bereitschaft, nicht nur gesundheitliche Risiken und große finanzielle Aufwendungen auf sich zu nehmen, sondern sich auch die damit verbundenen körperlichen Schmerzen zufügen zu lassen und sie auszuhalten, bezeugt das dahinter verborgene, im vorigen Kapitel ausführlich beschriebene Drama.

Wie auch immer unsere eigene Reaktion auf die Konfrontation mit unserem Spiegelbild ausfällt, in derartigen, mitunter durchaus leidvollen Situationen liegt gleichzeitig auch die Chance, tiefer in die Dimension des menschlichen Daseins Einblick zu nehmen. Ich habe mir angewöhnt, mir für Fragen, die mich intensiv beschäftigen und beunruhigen und für die ich keine schlüssigen Antworten finde, literarische Texte zu Hilfe zu holen. Dabei habe ich stets wichtige Impulse und Denkanstöße erhalten. Schon als ich mich mit den Wechseljahren auseinandersetzte und die Sachbücher und Ratgeber zum Thema mich in den Schlund der Hoffnungslosigkeit hinunterzuziehen drohten, zog mich ein Text von Hermann Hesse gerade noch rechtzeitig aus der Trostlosigkeit. Hesse hat mir schon öfter unter die Arme gegriffen und den Weg gezeigt, mich in unbekannten und unwegsamen Landstrichen besser zu orientieren:

«Jede Erscheinung auf Erden ist ein Gleichnis, und jedes Gleichnis ist ein offenes Tor, durch welches die Seele, wenn sie bereit ist, in das Innere der Welt zu gehen vermag, wo du und ich, und Tag und Nacht, alle eines sind.

Jeden fliegt irgendeinmal der Gedanke an, dass alles Sichtbare nur ein Gleichnis sei und dass hinter dem Gleichnis der Geist und das ewige Leben wohne. Wenige freilich gehen durch das Tor und geben den schönen Schein dahin, für die geahnte Wirklichkeit des Innern.»

Diese Worte fordern in wunderbarer Eindeutigkeit zum Aufbruch auf, die andere Wirklichkeit jenseits materieller Manifestationen – die zwar erahnt wird, aber immer wieder aus dem Bewusstsein entschwindet – zu erkunden. Obwohl der Gedanke nicht neu ist, dass wir Bürgerinnen zweier Welten sind, ist es gut, wenn er immer wieder neu belebt und im Gedächtnis aufgefrischt wird. Damit verliert der unbarmherzige Blick in den Spiegel seine Allmachtstellung und wird entkräftet. Wenn ich mich innerlich schneeflockenleicht, frühlingshaft, schwungvoll, jungmädchenhaft fühle, im Spiegel hingegen aber eine alte Frau sehe, hat die innere Befindlichkeit ebenfalls einen Wirklichkeitsanspruch. Der Schöpfungsintelligenz ist also nicht irgendein Fehler unterlaufen, wenn sie innere und äußere Erlebnisinhalte nicht synchron zu einer Einheit verbindet. Es scheint beinahe gewolltermaßen so angelegt zu sein, ja, vielleicht gar als eine hilfreiche Lektion konzipiert, damit wir lernen, dass es zwei Wirklichkeiten gibt. Wir erleben also, dass es eine äußere Realität gibt und dass diese dem Gesetz der Vergänglichkeit unterworfen ist. Zugleich aber gibt es eine innere Wirklichkeit, diese aber ist unvergänglich, sie ist, wie unser inneres Erleben zeigt, unveränderlich, dauerhaft, jenseits von Zeit und Raum. In welche Aktie will ich also zukünftig investieren? In diejenige, welche vergänglich und dem Alterungsprozess unterworfen ist, die immer weniger wird, oder in die andere, die sich an der inneren, unverwüstlichen Erlebnisweise orientiert, die zeitlos ist?

Wenn wir uns diese Denkperspektive angewöhnen, dann verändert sich die Welt. Wir erschließen uns eine innere Landschaft und entdecken dabei völlig neue Denkräume. Aus dieser Perspektive betrachtet, ist die ausschließliche Fokussierung auf Äußerlichkeiten nichts anderes als die freiwillige Begrenzung des denkerischen Aufenthaltsraumes, ein Verzicht auf die Auslotung der gesamten möglichen Weite menschlicher Daseinsformen und auf deren Eingemeindung und Nutzung für die eigene Lebensgestaltung.

Wenn man sich in jungen Jahren erlauben kann, einfach so in den Tag hineinzuleben und sich an den sich bietenden Unterhaltungen zu erfreuen, so ist es, wenn die Schatten länger werden, an der Zeit, sich mit den wichtigsten Fragen auseinanderzusetzen: Woher? Wohin? Wozu? Mit diesen Fragen steigen wir über den eingezäunten und begrenzten Schrebergarten hinaus. Wir sprengen das Denkgefängnis auf und entdecken eine Welt außerhalb der gesellschaftlich konstruierten Mauern. Wenn wir unsere Identität nicht ausschließlich aus unserer körperlichen Attraktivität ableiten, die ja auf die ununterbrochene Beantwortung von außen angewiesen ist, sondern darauf, was wir innerlich zu erschließen vermögen, dann entsteht ein neuer Reichtum. In diesen neuen Denkräumen wohnt ein großartiges Potential, welches sich aus unserem langjährigen Erfahrungswissen nährt und uns in den späten Jahren als Kapital zur Verfügung steht. Dann verschonen wir uns selbst vor der Peinlichkeit, mit jugendlichem Outfit punkten zu wollen, sondern sind damit beschäftigt, die innere Welt zu ordnen, mit großer Achtsamkeit und Sorgfalt für die innere Balance zu sorgen. Wenn ältere Frauen beginnen, sich gedanklich in diesen Innenräumen einzurichten, dann ereignet sich als logische Folge der Schritt von der geschlechtlichen Identität in die Weite menschheitlichen Denkens, und damit entsteht eine neue Freiheit. Die Befürchtung, das heiße gleichzeitig, ab heute nur noch Asche aufs Haupt streuen und in leichenfarbenen Gewändern und Entenschuhwerk herumlatschen zu müssen, ist völlig unbegründet. Es geht vor allem darum, stets im Bewusstsein zu leben, Bürgerin zweier Welten zu sein.

Tamara, eine 62-jährige Lehrerin, die sich politisch für grünliberales Gedankengut einsetzt, rief mich kürzlich spät in der Nacht an: «Jetzt hat es bei mir klick gemacht. Ich pendelte zwischen ‹Soll ich› oder ‹Soll ich nicht›, du weißt schon, es handelt sich um die Lidkorrektur. Aber da fiel mir ein, wir legen ja auch Hand an, wenn sich bei einem prachtvollen Blumenstrauß erste verwelkte Blätter zeigen, und zupfen sie weg. Es ist also absolut in Ordnung, wenn ich die hängenden Lider wieder in den ursprünglichen Zustand versetzen will. Ich freue mich richtig drauf, dass ich die Welt bald mit freiem Blick betrachten kann.» Ist diese Haltung inkonsequent, verrückt oder einfach durchgeknallt? Keineswegs. Die Entweder-oder-Haltung zeigt lediglich, dass jemand nicht in der Lage ist, den Spannungsbogen auszuhalten zwischen der einen und der andern Welt. Weshalb soll ein Mensch, der jeden Morgen zwanzig Minuten meditiert, sich nicht in ein speziell schönes, ja vielleicht gar kostbares Tuch wickeln? Weshalb gehen viele davon aus, es meditiere sich besser in einem schäbigen Lappen? Weshalb soll die Lumpen- und Fetzenkultur der Hinwendung zu einem reichen Innenleben förderlich sein? «Ich habe dank innerer Balance traumhafte Blutwerte, aber ich sehe beschissen aus!», ist definitiv kein Anzeichen für eine besonders hohe Bewusstseinsstufe. Ist es denn nicht eher umgekehrt, dass gerade die Achtsamkeit in sämtlichen Bereichen, die unser Leben ausmachen, mit dazugehört? Wer eben Freude daran hat, sich sorgfältig und gepflegt zu kleiden, regelmäßig zur Kosmetikerin geht, Wert darauf legt, sich mit besonders schönen Dingen zu umgeben, und sich auch noch erlaubt, das favorisierte, aber nicht unbedingt umweltfreundliche Auto mit viel Schwung und Freude zu fahren, dokumentiert damit, dass sie alle Lebensbereiche gleichermaßen mit großer Achtsamkeit bedenkt, statt sie der Verwahrlosung preiszugeben.

Monika, eben sechzig geworden, die an allem etwas herumzumäkeln hat und sich sozialistisch-grünen Ideen mit Haut und Haaren verschrieben hat, schrieb mir ein langes Mail: «Du hast gut reden! Wohlstandsschweizerin! In meiner zu erwartenden Rente liegt weder Auto noch Kosmetikerin drin. Wenn wir nicht zu drastischen Maßnahmen der Umverteilung greifen, bleiben derartige Ratschläge hohles Geschwätz und gleichzeitig auch noch eine Beleidigung für alle, denen es nicht so gut geht wie Dir.» Monika hat zwar Recht, aber dennoch irrt sie sich. Der volle Geldbeutel ist kein Garant für einen achtsamen Umgang sowohl mit der inneren als auch der äußeren Welt. Ein Spaziergang durch ein kleines Dorf öffnet die Augen: Da steht ein bescheidenes Häuschen, vor den kleinen Fenstern sind winzige Blumenkästchen angebracht, eine liebevolle Hand pflegt und gießt täglich mit größter Sorgfalt die Geranien und bringt sie zur wunderbaren Blütenpracht.

Wenn die Katze oder der Hund stirbt

Wer mit Haustieren zusammenlebt, weiß, sie sind wie ein Familienmitglied, man liebt Minu, die Tigerkatze, oder Ronny, den Schäfermischling, gelegentlich ärgert man sich über sie, dann wieder freut man sich, wir kennen ihre Eigenheiten, Vorlieben, Ticks und Marotten. Sie übernehmen oft wichtige Funktionen wie etwa die stürmische Begrüßungszeremonie, ungeachtet dessen, ob man gerade vier Wochen verreist war und das Tier in einem Ferienheim untergebracht werden musste oder ob man nur rasch im Keller Getränke geholt hat, immer ist das Wiedersehen ein überschwengliches Begrüßungsfest. Ja, viele können sich nur schwer vorstellen, jemals ohne diese treuen Begleiter zu leben. So leuchtet es durchaus ein, wenn Studien gerade bei älteren Menschen die große Bedeutung der Beziehung zu einem Tier belegen, wodurch etwa das Bedürfnis nach Arztkonsultationen erheblich sinkt. So gibt es bereits Seniorenheime, in denen Haustiere sehr willkommen sind. In der so wichtigen Beziehungskonstellation Mensch–Tier gibt es jedoch einen Wermutstropfen: Katzen- und Hundeleben sind zwischen zehn und zwanzig Jahren zeitlich begrenzt, auf jeden Fall ist damit zu rechnen, dass man sich irgendwann von dem lieben Freund verabschieden muss. Dies ist kein leichtes Abschiednehmen, für viele gar eine große Tragödie. Wer den Tod eines Haustiers zu verkraften hat, muss emotionale Schwerstarbeit leisten. Gutes Zureden von wohlmeinenden Bekannten und Freunden, sich so schnell als möglich wieder einen Nachfolger «anzuschaffen», wirkt da eher wie eine Ohrfeige. Die Trauerarbeit auch für ein Tier benötigt eben Zeit und kann nicht in einem Schnellverfahren abgekürzt werden. Marilou, 72, alleinlebend: «Ich habe ein Vierteljahr gebraucht, bis ich mich von diesem Schock erholt hatte. Obwohl es zwar verboten ist, habe ich klammheimlich in unserem Garten ein kleines Grab ausgehoben und meine so heiß geliebte Schuschu hineingebettet – ach, es brach mir fast das Herz. Ich habe nun ein winziges Blumenbeet mit schönen Pflanzen daraus gemacht, niemand weiß – außer meiner Tochter –, was sich darunter befindet. Ich gehe jeden Tag hin und rede mit Schuschu. Nun, allmählich denke ich daran, mir wieder eine kleine Katze zu holen. Aber ich weiß genau, so wie sie wird keine mehr sein. Sie spürte es, wenn es mir nicht gut ging, wich nicht mehr von meiner Seite und legte sich auf meine Füße.» Die Katze war 22 Jahre alt geworden, schon ein Jahr vor ihrem Tod hatte sie große gesundheitliche Probleme, Marilou wusste, dass es bald zu Ende gehen würde. Trotzdem traf sie der Verlust schmerzlich.

Nicht in jedem Fall wird es derart harte Einschnitte geben; Silvie, 78, geht das etwas nüchterner an: «Zoro ist mein vierter Hund und ich weiß schon jetzt, dass auch er – schließlich ist er nicht mehr der Jüngste – mich eines Tages verlassen wird. Deshalb genieße ich jeden Tag mit ihm. Eines ist ganz klar, wenn Zoro eines Tages stirbt, kommt eben möglichst rasch der nächste Hund. Das heißt nicht, dass es mich nicht trifft, aber das ist eben der Lauf des Lebens.»

Barbara Rütting, 85, die bekannte Schauspielerin, ehemals Abgeordnete im Bayerischen Landtag, Autorin und engagiert in der Friedensbewegung und im Tierschutz, sagt: «Dauerhaftes Glück habe ich nur mit Tieren erlebt. Ich bin überzeugt, sie sind Engel, geschickt, um unser Hiersein erträglicher zu machen. Ohne meine Tiere, die fast zwanzig Hunde und zahllosen Katzen, die mein langes Leben begleitet haben, hätte ich es nicht ertragen. Nur: Ihr Leben ist so kurz!»

Erstaunlich, wie sehr es uns zu schaffen macht, wenn wir unsere Haustiere verlieren, und wie viel Zeit wir darauf verwenden, uns von ihnen zu verabschieden, aber wie gedankenlos und leichtfertig wir mit dem Verlust unseres über Jahrzehnte entstandenen Körperbildes umgehen. Obwohl der Verlust der Schönheit die ganze Statik des Selbstbildes bedroht, sind wir eher geneigt, entweder gegen die Vergänglichkeit anzukämpfen oder sie zu ignorieren, als sich mit der tiefen Kränkung auseinanderzusetzen.

Da muss man sich doch fragen, welche gigantischen Verdrängungsmechanismen hier am Werk sind, die dafür sorgen, dass wir mit etwas, das uns im Kern trifft, derart unachtsam umzugehen vermögen. Vielleicht müssten wir uns sogar grobe Fahrlässigkeit in eigener Sache attestieren. Schließlich erhält unser Selbstbild, das uns bereits ein ganzes Leben lang begleitet hat und die Schaltstelle für unser Selbstwertgefühl bildete, tödliche

Schlagseite; Segmente unserer Ich-Identität verändern sich oder bröckeln weg. Das allmähliche Ausklingen unserer Blütezeit ist derart einschneidend, dass die Tatsache, dies entweder einfach zu übergehen oder möglichst schnell zu korrigieren und zu reparieren, eindrücklich illustriert, welche Ängste hier im Hintergrund lauern.

Gerade an der enormen Abwehr lassen sich die Schwierigkeiten ablesen, die wir grundsätzlich mit der Vergänglichkeit und damit auch mit unserem sich verändernden Aussehen haben. Am liebsten wollen wir nicht daran denken, dass alles seine Zeit hat, obwohl wir eigentlich ständig an den ewigen Kreislauf von Werden und Vergehen erinnert werden und dass die materielle Welt der Vergänglichkeit unterworfen ist.

Diesen Aspekt aus dem eigenen Leben ausblenden zu wollen, hält zweifellos über eine gewisse Zeitspanne an, aber irgendwann holt uns die Tatsache ein, dass sich alles Sichtbare in einem ständigen Prozess der Veränderung befindet. Wie das Kind verschiedene Entwicklungsstufen durchläuft, ständig Neues dazulernt, geht es auch im Erwachsenenalter unaufhaltsam weiter. Eigentlich ist alles darauf ausgelegt, das eigene Leben als fortlaufende Entwicklung zu verstehen. Würden wir irgendwo mausallein in der Wildnis leben, ohne die Möglichkeit, uns von außen im Spiegel zu betrachten, würden wir uns wahrscheinlich diesem Verlauf vertrauensvoll überlassen. Da wir aber eingebettet in einem sozialen Umfeld und umringt von uns reflektierenden Spiegelbildern leben, begegnen wir der eigenen Umgestaltung auf Schritt und Tritt und haben viel Energie aufzuwenden, um die Veränderung zu ignorieren.

Letztlich aber wird jede Frau für sich selbst entscheiden müssen, welchen Weg sie beschreiten möchte. Ob sie trotz allem davon ausgeht, die Zeichen gelebten Lebens können problemlos durch einen geschickten operativen Eingriff behoben werden, oder ob sie im Veränderungsprozess auch eine Entwicklungsaufforderung erkennt.

Doch ziehen wir zunächst einfach einmal Bilanz und überprüfen, wie stark unser Selbstbild aus früheren Lebensphasen noch immer an uns haftet und entsprechend präsent ist. Öffnen wir doch unseren Kleiderschrank und fragen uns bei jedem Teil, welches Selbstbild in uns bei seiner Betrachtung aufsteigt. Die meisten Frauen besitzen Kleidungsstücke, die sie schon lange nicht mehr tragen, die sie aber immer noch mit einem gewissen Lebensgefühl verbinden, von dem sie sich nicht einfach verabschieden können. Liselotte, 75, erzählt: «Ich kann mich von den zwei Sommerkleidchen einfach nicht trennen, sie standen mir so gut und ich wurde bewundert, damals – obwohl ich sie nie mehr tragen kann, sie sind tief dekolletiert und nur mit dünnen Trägerchen versehen, zudem viel zu kurz und zu eng, nein, das geht wirklich nicht mehr, und meine Oberarme ..., ja, so ist es eben. Aber einfach weggeben geht auch nicht.» Charlotte, 67, hingegen kümmert sich nicht um den Blick von außen: «Ach was, ich bin ja immer noch die Gleiche wie damals, das wäre ja noch schöner, wenn ich jetzt auch noch in Altweiberklamotten herumgehen soll, wird mir übel. Mit mir nicht.» Während sich bei Liselotte der Umbau ihres Selbstbildes zwar vollzogen hat, die Erinnerung aber eine große Rolle spielt, weigert sich Charlotte hartnäckig, eine Denkkorrektur vorzunehmen. Für Außenstehende ist es oft irritierend, einer Frau zu begegnen, die aus ihrer Altersphase herausgefallen ist und rückwärtsgewandt eine Zeit zelebriert, die längst vergangen ist.

Viele Frauen haben mir berichtet: Wenn sie sich einen Modekatalog anschauen, um sich etwas zu bestellen, denken sie sich stets als junge Frau in das Modell hinein und sind dann in der Regel sehr enttäuscht, wenn sie das Teil erhalten und sich darin vor den Spiegel stellen. Dieses Bild hat nichts mit jenem zu tun, das sie sich vorgestellt hatten und das sie zum Kauf animierte. Das innere Selbstbild kann wie eine Zecke festsitzen und den gesamten Denkapparat überschatten oder gar infizieren. Selbst angesichts ständig negativer Erfahrungen, wie etwa der, dass man aus einer gewissen Scheu heraus das neu erstandene Modell nie trägt, weigern wir uns, das alte Selbstbild der neuen Realität anzupassen. Vielleicht leben in uns alte Schreckensvisionen fort, dass alt zu sein heißt gebrechlich und nicht mehr ganz zurechnungsfähig zu sein, und wir versuchen um jeden Preis, solche Horrorbilder zu verscheuchen.

Ebenso verhält es sich mit den Schuhen. Weiß der Teufel, was Schuhe an sich haben, dass sie eine derart magische Anziehung auf uns ausüben! Wir stehen verzückt vor einem Schaufenster und können uns an bestimmten Modellen nicht sattsehen, als ob es sich um das Gemälde eines alten Meisters handle. Ist es die Phantasie, mit einem bestimmten Schuhwerk beim männlichen Betrachter besonders zu punkten und erotische Phantasien zu beleben? Stellen wir uns vor, wie wir in traumhaften Schuhen mit wogendem Hüftschwung begehrliche Blicke auf uns ziehen – wobei der Schwung in der Realität oft zu wünschen übrig lässt, und das Herumstöckeln eher an eine versehrte, leicht hinkende Bachstelze erinnert. Charlotte erzählt freimütig: «Ich besitze mindestens zwanzig Paar Schuhe, die ich kaum anziehe, genau gesagt, nicht anziehen kann. Die Füße brennen derart, ich kann nur wenige Schritte gehen. Trotzdem, ich will sie behalten und wenigstens in meinem Schuhschrank wissen.» Und ihre Freundin Mariella, 61, legt nach: «Schuhe? Das ist einfach ein absolutes Muss für jede Frau! Ich habe immer wieder Probleme mit meinem Gewicht. Habe ich gerade wieder mal zugelegt, vergeht mir die Lust am Kleidershopping. Aber Schuhe kaufen geht immer.»

Ein anderes enorm wichtiges Identitätsmerkmal sind die Haare. Schließlich verkörpern sie eine grundlegende Schönheitssignatur; darüber hinaus sind sie ein höchst erotisches Instrument, das von den meisten Frauen unbewusst gekonnt zum Einsatz gebracht wird. Mit einer fülligen Mähne lassen sich die Illusion über erotische Attraktivität aufrechterhalten oder Unebenheiten kaschieren; ein frecher Kurzhaarschnitt kann eine unkomplizierte Lebensart illustrieren; ein wilder Wuschelkopf zeugt von ungebremstem Einfallsreichtum – jedenfalls koppeln sich an die Haartracht bestimmte Verhaltensweisen und Eigenschaften der Trägerin, und nicht zuletzt beflügelt sie deren Phantasie.

«Sie war eine Frau, deren Stil es war, nichts zu verbergen, und die den Eindruck machte, als hätte sie ebenso wenig Angst davor, in der Öffentlichkeit Aufsehen zu erregen wie eine Bauchtänzerin. Ihr Haar war spektakulär, ein labyrinthischer, wuchernder Kranz aus Locken und Spiralen, so wirr wie ein Fadenknäuel und ausladend genug, um daraus eine Weihnachtsdekoration zu basteln. Alle Unruhe ihrer Kindheit schien sich in den Windungen dieses undurchdringlichen Haardickichts niedergeschlagen zu haben. Ihr unbezähmbares Haar. Man hätte Töpfe damit putzen können, ohne dadurch seine Beschaffenheit zu verändern – als wäre es etwas aus den dunklen Tiefen des Meeres, eine Art drahtiger, riffbildender Organismus, eine lebendige, üppig sprießende, onyxfarbene Hybride aus Staude und Koralle mit möglicherweise pharmazeutischen Eigenschaften.» Was für ein Feuerwerk von Phantasien bricht sich im Hirn des männlichen Autors Philip Roth Bahn; er bezeichnet die Dame explizit als «heiße Braut» und signalisiert uns damit, es geht um Erotik.

Wenn uns nun dieses wichtige Instrument mit den Jahren nicht mehr uneingeschränkt zur Verfügung steht und sich nicht mehr nach unserem Belieben ondulieren, drapieren und frisieren lässt, ist das eine ziemlich happige Angelegenheit, mit der sich viele schwertun. Denn mit dem Schwund der einstigen Haarpracht bricht nochmals ein Stück unseres Selbstbildes zusammen. Das innere Bild sorgt dafür, dass wir uns immer noch mit der üppigen Langhaarfrisur von einst sehen, obwohl jeder Betrachter am liebsten zur Schere greifen würde, um das undefinierbare Gemisch aus Hanf, Vlies oder federähnlichen Faserteilen mit einem sauberen Schnitt zu beseitigen.

Wer davon ausgeht, dass solche Probleme vor allem Frauen haben, deren Intelligenz sich eher in bescheidenem Rahmen bewegt, irrt. Nein, sie sind überall anzutreffen, auch im gehobenen Bildungs- und Berufsbereich. Wir haben es hier mit etwas zu tun, das unabhängig ist von der sozialen Zugehörigkeit. Sich von seiner überkommenen Vorstellung des eigenen Körperbildes zu verabschieden und auf die Veränderungen einzulassen, erfordert die Bereitschaft, sich dem Lebensprozess anzuvertrauen, und darauf vorbereitet zu sein, dass vielleicht hinterher kein Stein mehr auf dem anderen steht. Denn oft geht der Umwandlungsprozess mit einem totalen Umbau der Einstellung zu sich selbst und zu seinem Leben einher. Schließlich impliziert das Bild, das wir von uns haben, auch unsere Erwartung, was die Zukunft betrifft, es hängt sozusagen unsere gesamte Lebensgestaltung mit all ihren Wünschen und Hoffnungen an diesem Bild. Da fällt es nun einmal schwer, sich so zu sehen, wie wir inzwischen geworden sind: äußerlich unscheinbarer und weit davon entfernt, dank unseres Erscheinungsbildes Applaus zu ernten oder gar erotische Phantasien beim Betrachter in Gang zu setzen.

Und trotzdem, um diese Metamorphose kommen wir nicht herum. Schauen wir uns also um, ob es irgendwo Möglichkeiten gibt, die uns helfen, die Lektion über die physische Vergänglichkeit zu lernen.

Beobachten wir das Regelwerk der Jahreszeiten, wie unabdingbar und unspektakulär sich Veränderungen vollziehen, wie im Frühjahr die geballte Energie des Neubeginns in jeder Pflanze zu erkennen ist, wenn Knospen aufspringen, Bäume kraftvoll ausschlagen und alles zum blühenden Neubeginn drängt. Dem folgt ein trotziges Innehalten im höchsten Blütestand, in sommerlicher Schwüle, wenn kein Windhauch die träge brütende Schönheit stört, um allmählich in großer Gelassenheit vom Akt des Erblühens in eine gemächlichere Gangart überzugehen. Ein Rückzug aus der Blühkraft, damit wieder etwas Neues entstehen kann.

Die Jahreszeiten sind gute Lehrmeisterinnen. Wie irritierend wäre es doch, wenn mitten im Frühjahr die Bäume kahl dastünden oder sich im Herbst die Blütezeit künstlich verlängerte.

Es gibt noch andere Hilfsmöglichkeiten, um sich selbst zu unterrichten. Kaufen wir uns einen wunderschönen Blumenstrauß, stellen wir ihn in eine Vase auf unserem Tisch und betrachten ihn jeden Tag einige Minuten. Allmählich werden wir in den geheimnisvollen Verlauf eingeweiht, wie sich beinahe unsichtbar aus dem kraftvollen Zustand des Erblühtseins eine andere, völlig neue Kraft herausdestilliert. Sie drängt nicht mehr nach außen, gedeiht farbenprächtig und pulsiert, sondern zieht sich nach innen zusammen und sucht sich im innersten Kern zu beheimaten.

Sich der Gesetzmäßigkeit von Werden und Vergehen ohne Bitterkeit anzuvertrauen setzt die Möglichkeit voraus, zu betrauern, was wir verlieren und wovon wir uns verabschieden. Wir sollten diese anspruchsvolle Aufgabe mit mindestens so viel Nachsicht und Behutsamkeit angehen, wie wir sie aufwenden, wenn wir unsere Haustiere verabschieden. Es ist sicher sehr individuell, in welcher Art und Weise wir Abschied von der einstigen Schönheit nehmen möchten. Vielleicht wollen wir diesen Vorgang mit uns alleine ausmachen, niemand soll davon je etwas erfahren, vielleicht hilft es uns, ein paar wehmütige Erinnerungsrunden zu drehen, oder aber wir wollen klagen, uns empören oder wütend sein. Wie auch immer, es gehört die gesamte Gefühlspalette dazu. Es kann aber durchaus sein, dass wir das Bedürfnis haben, mit anderen Gleichaltrigen zu sprechen und uns auszutauschen. Ich erlebe in meinen Seminaren zum Thema «Spieglein, Spieglein an der Wand ...», wie gerade durch Gemeinsamkeit und Austausch untereinander ein Kraftgefüge entsteht, das Bewusstsein, dass wir alle unterwegs sind und uns gegenseitig liebevoll begleiten können. Und noch etwas: Wohl in keinem anderen Themenbereich wird in den Gesprächen so viel und so herzhaft gelacht. Manchmal kommt es mir gar so vor, als ob wir uns zuerst von allem weiblichen Zickenkram freimachen müssten, um endlich so zu sein, wie wir eigentlich sind: lebensfroh und heiter, dankbar und kreativ, besonnen, klug und humorvoll.

Die Kunst der Selbsterkenntnis

Wenn wir uns mit der allmählichen Veränderung unseres Selbstbildes ernsthaft auseinandersetzen, werden wir spätestens jetzt – falls es nicht bereits zu einem früheren Zeitpunkt geschehen ist – über die Frage stolpern: Wer bin ich eigentlich?

Diese Frage hat Tradition, ist uralt, bereits Aristoteles sprach davon, Seneca, Nietzsche, in letzter Zeit Foucault, und viele andere Denkerinnen und Denker beschäftigten sich damit. Die großartigen Essays von Michel de Montaigne gewähren Einblick in den schreibenden Dialog mit sich selbst und zeigen Selbstexploration auf höchstem Niveau. Am Eingang des Tempels von Delphi soll der Überlieferung zufolge die Inschrift angebracht gewesen sein: «Erkenne dich selbst».

Die meisten jungen Menschen mögen derartige Aufforderungen eher als lästig und unpassend empfinden, vergleichbar der Ermahnung, für sein Alter vorzusorgen. Schließlich sind wir in jungen Jahren noch eingebunden in tausend Alltagsaktivitäten aller Art, die es zu bewältigen gilt. So meiden denn auch nicht wenige den Kontakt mit sich selbst, rennen vor sich weg und befassen sich mit allem anderen. Innehalten fällt schwer, der Blick in die eigene Innenwelt wird möglichst vermieden, als ob man am liebsten mit sich selbst nichts zu tun haben möchte. Diese Haltung mag wohl einige Zeit anhalten. Sind aber Lebensübergänge zu meistern oder ernsthafte Krisen zu überwinden, wird es schwieriger. Gerade in Krisenzeiten werden wir oft ziemlich unsanft auf uns selbst zurückgeworfen. Dann ist es wichtig, in einem möglichst guten und engen Selbstkontakt zu stehen, um daraus die nötige Kraft und Stabilität zu beziehen. Sich mit der Frage «Wer bin ich?» auseinanderzusetzen, ist also viel mehr als nur eine narzisstische Pirouette, ein vergnüglicher Zeitvertreib oder gar eine Trendsportart, sondern gehört als Pflichtfach zum Lebenskanon.

Vor allem, wenn wir älter werden und uns zunehmend mit der Vergänglichkeit konfrontiert sehen, wird es höchste Zeit, sich mit sich selbst zu beschäftigen und sich gewissenhaft diesem zentralen Forschungsgebiet in eigener Sache zu stellen. Wer sich auf diese mitunter abenteuerliche Reiseroute begibt, stolpert geradezu über die Zwillingsfragen «Woher komme ich?» und «Wohin gehe ich?» sowie die ewige Frage im Hintergrund, die uns vielleicht schon etwas länger begleitet: «Wozu bin ich eigentlich auf der Welt?»

Wozu soll ich mich auf mich selbst besinnen,
wozu meinen besondern Weg erwählen,
wozu mein Wesen zur Einheit bringen?

Die Antwort lautet: Nicht um meinetwillen
… bei sich beginnen, aber nicht bei sich enden;
von sich ausgehen, aber nicht auf sich abzielen;
sich erfassen, aber sich nicht mit sich befassen …

> Wohl soll jede [Seele] sich erkennen, sich läutern, sich vollenden,
> aber nicht um ihrer selber willen,
> wie nicht um ihres irdischen Glücks,
> so auch nicht um ihrer himmlischen Seligkeit willen,
> sondern um des Werkes willen …

Diese Worte von Martin Buber provozieren und stecken hohe Ziele, die wir vielleicht niemals zu erreichen vermögen. Aber sie geben die Richtung an, in der die Arbeit an sich und mit sich einzuschlagen ist. Letztlich geht es immer darum, über die eigenen Grenzen hinauszudenken und nicht im eigenen «Kleingedruckten», im Schrebergartendenken stecken zu bleiben: mein Haus, mein Mann, mein Kind, mein Hund.

Diese Beobachtung lässt sich auch in psychotherapeutischen Prozessen immer wieder machen. Zuerst beginnt man in einer aktuellen Konfliktsituation, die bearbeitet und gelöst werden will. Dabei stößt man oft auf frühere ähnliche Problemkonstellationen mitsamt dem Handlungsmodell, das aus der Krise herausführen sollte, aber nie zu einer endgültigen Lösung geführt hat. Mit der Bearbeitung der ursprünglichen Szenen werden jene Schaltstellen erkannt, die dazu geführt haben, stets die falsche Strategie zu wählen. Es handelt sich in der Regel um sogenannte Glaubenssätze, Muster, die bereits im Kindesalter einprogrammiert wurden und dafür sorgen, dass der Handlungsspielraum definiert und begrenzt bleibt und stets in die falsche Richtung führt. Bei Frauen finden sich besonders oft verheerende Programmsätze wie: «Das kannst du nicht!», «Stell dich nicht in den Vordergrund!», «Mach dich nicht lächerlich!», «Nimm dich nicht zu wichtig!» Es sind die typischen Fanfarentöne, die den Weg zum Misserfolg begleiten. Mit dieser mental lebenshinderlichen Ausrüstung lebt es sich schwer, sie versperrt den Zugang zu sich selbst, zu den eigenen Fähigkeiten und Kompetenzen. Noch schlimmer ist, dass diese Diktate keine Lebensfreude aufkommen lassen. Im psychotherapeutischen Prozess werden die Miesmacher vom Dienst entlarvt und – oft unter großer emotionaler Anstrengung – entlassen. Damit werden Kräfte freigesetzt, die einen befähigen, neue Lösungsstrategien anzuwenden. Damit, könnte man meinen, sei die Therapie beendet. Doch dem ist oft nicht so. Denn jetzt beginnen jene Fragen, die über das eigene Dasein hinauszielen, die mehr wollen, als nur eine Antwort darauf zu finden, wie mit einer schwierigen Konfliktsituation umzugehen sei. Jetzt, nachdem sich die Blockaden gelöst haben, beginnt das eigentliche Abenteuer der Selbsterkenntnis.

Allein, damit sind wir bereits mitten in einem erheblichen Dilemma. Wo denn beginnen? Bin ich denn die, die ich denke zu sein, oder bin ich doch eine ganz andere? Ich bin doch heute anders, als ich gestern und vorgestern war – wie bringe ich das alles zusammen? In der Tat, eine Antwort auf die Frage «Wer bin ich eigentlich?» ist schwierig, sie nivelliert zwischen Grautönen, verliert sich in Zeiträumen, die schwer zu fassen sind, dazwischen tauchen Farbtupfer auf, die sich plötzlich wieder in unscharfen Konturen verlieren. Es ist, als müsste ein Puzzle mit vielen kleinen Teilen zusammengesetzt werden, um ein Gesamtbild zu erhalten. Wer sich jemals mit einem fünftausendteiligen Zusammensetzspiel einen Sonntagnachmittag vergnügen wollte, weiß, so schnell lässt sich das nicht erledigen. Da müssen zuerst die vier Eckpunkte herausgesucht werden, oft bereits eine mühselige Arbeit, dann der Versuch, einige sich anschließende Teilchen herauszufischen. Genauso ist es, wenn wir uns um die Frage «Wer bin ich eigentlich?» bemühen. Zunächst liegen viele kleine Erinnerungsteilchen vor uns, die einen sehr kontrastreich, andere etwas verblasst, die sich aber unmöglich zu einem einzigen Bild zusammenfügen lassen. Zudem erahnen wir auch jene

Leerstellen, um die wir zwar wissen, an die wir aber keine konkreten Erinnerungen haben. «An meine Kindheit kann ich mich nicht mehr erinnern, aber sie war wohl nicht besonders schön», ist eine typische Aussage, wenn Erlebnisbereiche im Dunkeln bleiben. Da kann es leicht geschehen, dass uns im Konglomerat der unvollständigen Lebenserinnerungen rasch die Lust vergeht, uns ernsthaft an die Arbeit zu machen.

Es gibt einige sinnvolle Hilfsmittel, die uns bei dem Versuch unterstützen, Ordnung in unsere Selbsterkenntnis hineinzubringen, gleichzeitig den Blick auf einzelne, uns prägende Segmente freigeben und uns dabei unterstützen, einen kontinuierlichen Verlauf der Lebenszusammenhänge zu verstehen.

Wie ich bereits ausgeführt habe, wirken sich sowohl die familiären als auch die sozialen geschlechtsspezifischen Einflüsse auf die Entwicklung unseres Selbstbildes und unserer Identität aus. Dass beispielsweise beim Umgang mit problematischen Situationen auch genetische Faktoren eine gewisse Rolle spielen, ist unbestritten. Man könnte durchaus von einer passiven und unbewussten Beeinflussung sprechen. Es ist höchst interessant, dem nachzuspüren, die Zusammenhänge detektivisch zu erforschen und so eine Ahnung zu erhalten, wer wir eigentlich sind.

Irgendwann haben wir begonnen, uns ein Bild davon zu machen, was die Welt ist. Mich hat als Kind das Märchen *Peterchens Mondfahrt* zum Nachdenken darüber gebracht, ob es außerhalb des Kinderzimmers und unserer Straße noch eine andere, weite, unerforschte Welt gibt. Ebenso sind wir mit der Frage konfrontiert worden, was ist der Mensch eigentlich, sind alle Menschen so freundlich wie die Verkäuferin im Brotladen oder so unwirsch wie der Postbote? Sind Menschen gut oder böse? Was ist der Mensch? Selbst wenn diese Überlegungen nicht explizit ausgesprochen werden, so sind sie dennoch vorhanden und zeigen sich oft in Äußerungen, die ein Kind macht und mit denen es die

Erwachsenen verblüfft. Der vierjährige Karl fragte seine Mutter: «Warum muss Opa sterben, er hat doch nichts Böses getan?» Die fünfjährige Liliane machte eine Zeichnung mit vielen Schmetterlingen und erklärte dazu: «Eigentlich sind das Menschen, die noch nicht auf der Erde sind.»

Es gibt Eltern, die protokollieren derartige Aussagen ihrer Kinder. Unter Umständen, um festzuhalten, wie früh ein Kind denkend versucht, die Welt zu verstehen und Menschen zu analysieren – oder aber, um die außergewöhnlich originellen und tiefsinnigen Äußerungen des genialen Nachwuchses zu dokumentieren.

Auch wenn wir über unsere frühe Lebenszeit keine Dokumente besitzen, verfügen wir über ein inneres Archiv, das in seiner Genauigkeit wohl kaum von schriftlichen Erzeugnissen zu überbieten ist. Menschen, die behaupten, sie hätten keinerlei Erinnerungen mehr an die Kindheit, geschweige denn daran, wie sie damals dachten, werden wahrscheinlich aus dem Staunen nicht mehr herauskommen, was in ihrem unbewussten Gedächtnis alles archiviert worden ist. Es mag durchaus zutreffen, dass sich ganze Jahre aus dem Erinnerungsfeld im Dunkeln befinden; das heißt aber nichts weiter, als dass der Hirnregion, die dafür verantwortlich ist, noch nicht die richtigen Fragen gestellt wurden. Vielleicht muss man sich die Denktätigkeit so vorstellen: Ein etwas träger Hund liegt regungslos in der Sonne vor seiner Hundehütte, springt aber sofort auf, wenn ihm ein Knochen zugeworfen wird, an dem er heftig zu kauen beginnt. Solange wir unserem Hirn kein aufregendes Objekt anbieten, döst es mehr oder weniger gemächlich vor sich hin. Ich bin davon überzeugt und erlebe es täglich in meiner Arbeit als Psychotherapeutin und Seminarleiterin, wie das Hirn geradezu danach lechzt, beschäftigt zu werden. Mit den richtigen Fragen werden Denkprozesse initiiert; sie setzen allmählich jene Erinnerungen frei, die in uns schlummern und eigentlich nur darauf warten, endlich in Aktion gesetzt zu werden.

Machen wir uns also auf, uns selbst spannende Fragen zu stellen, die die Hirntätigkeit aktivieren und sie auf Entdeckungsreise schicken.

Peterchens Mondfahrt oder Die Unendlichkeit der Nacht

Es geschah in der Kindervorstellung im Stadttheater Konstanz. Ich saß in der ersten Reihe mit meiner Schwester. Wir hatten Freikarten von einem dort engagierten Schauspieler erhalten, weil seine Kinder nach dem Krieg regelmäßig bei uns zu Gast waren und sich so wenigstens einmal in der Woche satt essen konnten. Für mich war es ein besonderes Ereignis, das ich so schnell nicht vergessen würde. Die Vorstellung, dass Peterchen und Anneliese so einfach in die Nacht zur Sternenwiese hinausfliegen können, dort eine Sternenkinderschule besuchen, hat mich nicht mehr losgelassen und meine Phantasie gleichzeitig nachhaltig beunruhigt und beflügelt. Ich begann mich zu fragen, was die Welt denn eigentlich ist, ob sie irgendwo beginnt und irgendwo endet.

Dazu kam noch eine andere Beeinflussung, die mein Denken und mein Fragen nach der Welt in Gang setzten. Ich war ein sehr katholisches Kind, nicht der Frömmigkeit, sondern der Bilder wegen. Beeindruckende Deckenmalereien, Moses mit der ehernen Schlange, die Holzfiguren in der Ölbergkapelle mit Gnadenkreuz auf dem Kalvarienberg, der aus Buchenholzstücken zu einem Grottenwerk gestaltete Ölberg, und allem voran die überlebensgroßen Statuen der Kirchenpatrone St. Ulrich und St. Afra, die als Wächter posierten, gigantisch und machtvoll. Dieser Gemäldewelt kann sich ein Kind kaum entziehen, sondern wird davon angeregt, eigene Bilder in sich entstehen zu lassen und sich über all das Gedanken zu machen.

Das Zeitgefüge meiner Kindheit war in den sich wiederholenden Kirchenfesten des geistlichen Jahrs durchgetaktet. Es erzeugte in mir ein wohliges Gefühl der Zugehörigkeit zu einem größeren Verbund, in dem ich mich aufgehoben und geschützt fühlte. Eine ähnliche Funktion erfüllt für viele Menschen heutzutage die fortlaufende Bildergeschichte im Fernsehen, die Serie. Sie vermittelt Vertrautheit mit den Protagonisten und löst heimatliche Gefühle aus. Die dichte Folge unterschiedlicher kirchlicher Inszenierungen, die ich miterlebte, durfte sich sehen lassen: Neujahr – Fest der Hl. Drei Könige – Fest Maria Lichtmess – Aschermittwochsmesse – Fastenzeit – Mariä Verkündigung – Palmsonntag – Karwoche – Gründonnerstag – Karfreitag – Karsamstag – Osternacht – Ostersonntag – Ostermontag – Christi Himmelfahrt – Pfingstsonntag – Pfingstmontag – Fronleichnam – Allerheiligen – Allerseelen – Advent – Weihnachten – Mitternachtsmesse – Stephanstag – Silvester. Da kam einiges zusammen, was der kindlichen Phantasie Tür und Tor öffnete. Jede Festlichkeit war mit Insignien und Requisiten ausgeschmückt und von süßlichem Weihrauch umnebelt, begleitet von bestickten Roben in betörenden Farben, ob es ein kardinalroter Umhang war, ein tiefgründiges Violett, das da zwischen schneeweißen Spitzen hervorlugte oder ein weit schwingendes, marzipangrünes und mit kobaltblauen Sternen übersätes Cape mit goldbesetzem Zierwerk: immer war es ein Schauspiel von besonderer Art. Und wenn auch noch die Orgel donnernd von der Empore herabdröhnte oder sich Trompetentöne schmetternd in die Kuppel hinauf pfeilten, drang diese pralle Sinnenwelt in jede kindliche Zelle. Ich kannte jeden Faltenwurf der Talare und Ornate, jede Krümmung des pechschwarzen, als symmetrisches

Pfauenrad gegliederten Chorgitters. Alles hat sich meinem Gedächtnis eingebrannt, auch die Erinnerung an das Herumrutschen auf harten, ungastlichen Holzbänken und an schmerzende Knie auf den für Kinderknie ungeeigneten Betstühlen. Dies alles beeindruckte mich weit mehr als die inhaltlichen Aspekte, die ich überdies nicht verstehen konnte.

Der katholische Vater unterhielt eine sehr unkomplizierte, ja beinahe kumpelhafte Beziehung zu seinem Gott, mit dem er sich stets laut unterhielt und die politische Situation diskutierte, nicht ohne ihm Vorwürfe für seine passive Haltung zu machen, vor allem, was die Ereignisse in Deutschland betraf. Er war deutscher Staatsbürger durch und durch und hätte das Schweizer Bürgerrecht auch dann nicht angenommen, wenn er es geschenkt bekommen hätte – im Gegensatz zur Mutter, die sich bei der erstbesten Gelegenheit ihres durch Heirat erworbenen deutschen Passes entledigte und zusammen mit Anhang in die Schweiz zurückbürgerte. Die Mutter war in Glaubenssachen zurückhaltender, ursprünglich irgendeiner Sekte angehörig, blieb sie der Kirche fern.

So marschierte ich durch die Kinder- und Jugendjahre jeden Sonntag und an sämtlichen Feiertagen an der Seite meines Vaters in die Messe, und ich bin davon überzeugt, dass ich in diesen vielen Stunden, in denen ich auf der harten Kirchenbank saß, nicht nur eine rege Gedankentätigkeit entwickelte, sondern auch ein Weltbild entwarf, das mir half, die mangelnde familiäre Beheimatung vollumfänglich zu ersetzen.

Mit der Adoleszenz war es damit dann jäh aus und vorbei. Mein Vater, damals bereits 75 Jahre alt, setzte sich für ein halbes Jahr nach Amerika zu seinen Töchtern aus erster Ehe ab, und als er wieder zurückkam, war ich ihm abhandengekommen. Dies hatte gute Gründe.

Es war die Zeit, als mir das Mythologische, Gemüthafte nicht mehr genügte und ich intellektuell ernsthaft und systematisch darüber nachzudenken begann, was ich hörte und las. Obwohl ich mich sehr darum bemühte, blieb mir das meiste unverständlich. Die Angelegenheit mit der Dreifaltigkeit war mir höchst suspekt, ebenso leuchtete mir die Konstruktion von Schuld, Vergebung, Demut und Gnade nicht ein. Später kam noch die generelle Entwertung der Frau dazu, die für mich nicht hinnehmbar war und mir den Rest gegeben hat. Ich wollte es meinem Vater gleichtun, eine direkte Ansprache zu Gott haben, ohne jene Vermittler, die ich bereits damals für nicht besonders kompetent hielt. Ich fühlte mich weder sündig noch als armer Tropf, der gnädigst erlöst werden wollte, sondern ich stand kurz vor dem Flug in ein aufregendes Leben. Es blieb mir gar nichts anderes übrig, als mich kurzerhand auszuklinken, zum großen Gram meines Vaters.

Dann aber war ich völlig frei, in keiner Ideologie eingebunden, und gondelte ohne Kompass und Steuer auf das offene Meer, um mich herum zahlreiche Gleichaltrige, ebenfalls orientierungslos und wie ich etwas verloren und haltlos. Notdürftige Konzepte, aus Gedichtfetzen und Literatur zusammengeschustert, Sprachsalven aus blasser Erinnerung an meine katholische Vergangenheit, etwa die Bibelstelle «Im Anfang war das Wort», dienten als Rettungsringe, wenn die Wellen sich überschlugen und drohten, mich in den dunklen Schlund hinabzuziehen. Es hätte leicht schiefgehen können. Doch eines Tages, wie durch ein Wunder, lernte ich meinen zukünftigen Schwiegervater kennen, bekennender Buddhist, der mir den rettenden Anker zuwarf: das Konzept der Karma-Lehre. Damit konnte ich etwas anfangen. Das hatte eine Logik in sich, die Lehre der Selbsterlösung traf bei mir genau den zentralen Punkt meines Welt- und Menschenbildes, die Selbstverantwortung. Scheinbar unvereinbare Welten verschränkten sich: «Vom Denken gehen die Dinge aus, sind denkgeboren, denkgefügt.» Damit ließ sich überleben. Somit war ich bestens ausgerüstet, selbstverantwortlich mein Leben zu gestalten und mich trotzdem von einer großen Hand gehalten zu fühlen, aus der ich nicht herauspurzeln konnte.

Nun, mit zunehmendem Älterwerden, rührt sich eine leise Sehnsucht nach der Welt der frühen Tage. Ich möchte mich wieder in gigantischen Szenen von Deckenmalereien und Figuren verlieren, mich von der Ölbergkapelle auf dem Kalvarienberg ergreifen lassen, auch würde ich eigentlich gerne wieder einmal dem beeindruckend choreografierten Kostümfest eines Gottesdienstes beiwohnen und mich wie einst vom dröhnenden Orgelklang erschüttern lassen. Die Texte und Predigten indessen sind mir noch immer ein Ärgernis, Worte ohne Inhalt, völlig unverständlich.

Eher beiläufig als direkt suchend fand ich vor kurzem den geeigneten Ort: das Konstanzer Münster, eine der größten romanischen Kirchen Südwestdeutschlands, eine dreischiffige Säulenbasilika, die 1089 geweiht worden ist. In diesem Prachtbau stimmt alles, die Tonanlage ist derart spielzeughaft ausgefallen, dass die Pfarrersworte lediglich als ein fernes Knistern zu hören sind.

Da lässt es sich ungestört den eigenen Gedanken nachgehen und den eigenen Tempel erbauen. Da lassen sich problemlos scheinbar unvereinbare Konzepte miteinander vermählen. Wenn «alles durch das Wort geworden ist und nichts ohne das Wort wurde», wie es im Johannes-Evangelium heißt, dann fügt sich der buddhistische Kerngedanke nahtlos darin ein: Vom Denken gehen die Dinge aus. Alles ist denkgeboren, denkgefügt. Schließlich gehört die Sprache zum Bewusstsein, ohne Sprache wäre unser Bewusstsein tot.

Aus diesem Konglomerat setzt sich mein Weltbild zusammen und gibt mir eine Teilantwort auf die Frage, wer ich bin. Denn wir sind, was wir denken, glauben, hoffen, wünschen und befürchten. Um herauszufinden, wer wir sind, ist die Frage nach den Einflüssen, die uns geformt haben, besonders aufschlussreich.

Ich habe meine eigene Glaubensbiografie deshalb so ausführlich dargestellt, weil ich dazu anregen möchte, dieser Frage nachzugehen und zu versuchen, bis in die Kindheitstage zurückzudenken. Vielleicht war es ein besonderes gutes oder auch banges Gefühl, das uns auf dem langen Schulweg begleitete. Vielleicht haben wir uns bereits damals gefragt, was ist eigentlich die Welt? Bin ich hier verloren oder irgendwie doch aufgehoben? Was denke ich heute darüber? Hat mich mein Leben gelehrt, mich vertrauensvoll auf die Herausforderungen einzulassen, weil ich in mir eine unverbrüchliche Gewissheit der Beheimatung trage? Oder gehöre ich eher zu jenen, die davon ausgehen, das Weltgeschehen mitsamt der Natur müsse durch menschliche Intelligenz geregelt werden? Oder gibt es für mich eine göttliche Instanz im Hintergrund? Oder habe ich mir eine Mischung aus unterschiedlichen Ansätzen zusammengestellt? So wie ich, die ich mich einerseits zwar durchaus aufgehoben, aber dennoch rundum selbstverantwortlich fühle?

Alles, was uns geprägt und geformt hat, also sowohl unser genetisches Material als auch unsere sozialen und psychischen Erfahrungen, fließen wie Nebenflüsse in einen einzigen Strom zusammen, dessen Verlauf durch das Weltbild bestimmt wird. So wirkt im Hintergrund stets unsere Weltanschauung für alles, was wir getan haben und noch tun, für die Gestaltung unseres Lebens.

Damit landen wir – ob es uns passt oder nicht – bei den Religionen. Jede Religion bietet ein bestimmtes Programm an, nach dem der Mensch sein Leben zu gestalten hat. Die Beschäftigung mit der persönlichen Glaubensbiografie lohnt sich auf jeden Fall.

Hier werden jene Schnittstellen sichtbar, die sowohl für das Welt- wie auch für das Menschenbild verantwortlich sind. Gerade im Prozess des Älterwerdens ist das Erforschen des eigenen Gottesbildes interessant, denn es zeigt uns auch, nach welchen Konzepten wir unsere wichtigsten Entscheidungen getroffen haben. Und wenn wir wissen, nach welchen Glaubensvorstellungen wir unser Leben ausgerichtet haben, kommen wir uns schon ein schönes Stück näher. Wir begreifen plötzlich, weshalb wir uns für bestimmte Themen besonders beherzt einsetzten, welche politischen Ziele wir unterstützten und welche wir mit Vehemenz bekämpften. Wir verstehen plötzlich, weshalb wir einer bestimmten Lebensführung den Vorrang gaben, weshalb uns in der Kindererziehung spezielle Aspekte besonders wichtig waren. So gelingt es uns, vieles, was in unserem Leben schwierig oder auch beglückend war, was missglückt ist oder sich als erfolgreich herausgestellt hat, besser einordnen zu können. Wenn wir ein elektronisches Gerät benutzen, bevor wir die Gebrauchsanweisung studiert haben, kann es sein, dass es nicht immer so funktioniert, wie wir das wünschen. Hinterher wird uns dann klar, auf was zu achten ist. So gibt es Lebenskonzepte, denen wir unwissend folgen; selbst wenn sie nicht die erwünschten Ergebnisse bringen, halten wir an ihnen fest

Wenn wir uns an einem eher zellular-materiellen Welt- und Menschenbild orientierten, werden uns alle Hilfsmittel überzeugen, die es möglich machen, Leben zu beeinflussen, zu korrigieren und umzufunktionalisieren. Im Bereich körperlicher Gesundheit setzen wir auf Schulmedizin, unterziehen unsere Kinder selbstverständlich ab dem dritten Monat dem staatlich verordneten Impfprogramm, haben für alles, was aus dem Bereich der Homöopathie und Naturheilkunde stammt, wahrscheinlich lediglich ein müdes Lächeln übrig. Diese Menschen leben nach dem Motto: Alles ist berechenbar, lenkbar und machbar. Geht es um psychische Probleme, bevorzugen wir lösungsorientierte Vorgehen, die rasche Veränderungen bewirken können, langwierige Hintergrundarbeit wird eher als mühsam und überflüssig abgelehnt und nicht selten verächtlich als Seelen-Striptease abgetan. So ist es nicht verwunderlich, dass sich solche Menschen eine Welt ohne jegliche göttliche Einbindung denken und entsprechend ihr Leben gestalten.

Das Gegenmodell dazu ist die Vorstellung, sich als Teil eines großen zusammenhängenden Weltorganismus zu verstehen und zu versuchen, in einem guten Einverständnis mit Natur und Umwelt zu leben. Da versteht es sich von selbst, kein Fleisch zu essen, möglichst sorgfältig, verantwortungsbewusst und vor allem auch sparsam mit den Rohstoffressourcen umzugehen. Diese Menschen verstehen sich als Gäste auf dieser Welt, sind dankbar für das gewährte Gastrecht und wollen dies auch nicht ungebührlich strapazieren. Das oberste Gesetz besteht darin, mit der Natur in einem freundschaftlichen Einvernehmen zu leben, Kinder werden nicht geimpft, da dies als Eingriff in die natürliche, selbstregulierende Balance bewertet wird. Ob zu dieser Weltsicht ein Gott dazugehört oder das Wirken eher einer großen und umfassenden Naturintelligenz zugeschrieben wird, ist individuell verschieden.

Im christlichen Kulturraum geht man davon aus, dass es einen Gott gibt, und zwar in der Kombination eines Teams, der Dreifaltigkeit, Gottvater, Sohn und der Heilige Geist. (Zugegeben, für mich befremdlich, ich vermisse die Mutter, bin etwas zurückhaltend mit einer grundsätzlichen Gefolgschaft, da mir die patriarchale Struktur nicht behagt.) Dieser Gott kann dem Menschen beistehen, aber der Mensch muss den zehn Geboten Folge leisten, Gott lieben, seinen Nächsten und sich selbst ebenfalls. Wer sich nicht fügt, kommt als Sünder nach dem Tod ins Fegefeuer – allerdings kann er Rekurs beim ewigen Strafgericht einlegen und dank guter Werke auf ein milderes Urteil hoffen. Was geschieht nach dem Tod? Gott hält Gericht und versammelt die Seelen aller Gerechten in «neuem Fleisch», in einem neuen Paradies, in dem es keine Sünden mehr gibt.

Das Judentum ist mit dem Christentum in vielen Bereichen identisch, mit der Ausnahme, dass Gott das Volk Israel zur Erfüllung seines göttlichen Konzeptes auserwählt hat. Da Gott seinen Bund nur mit den Juden geschlossen hat, ist die wichtigste Pflicht, diesen Bund nicht zu gefährden und die Regeln, wie sie in Tora und Talmud niedergelegt sind, genau zu befolgen. In beiden Religionen steht: Gott hat die Welt aus dem Nichts geschaffen und den Menschen nach seinem Ebenbild.

Den Islam zu skizzieren, ist beinahe unmöglich, zu viele gegensätzliche Konzepte sind in Umlauf. Ich möchte lediglich auf die grundsätzlich unverfänglichen Elemente hinweisen. Wie im Judentum hat Gott die Welt aus dem Nichts erschaffen und als letztes Produkt der Schöpfung den Menschen. Es gibt nur einen Gott, Allah, er ist allmächtig und für die Menschen nicht darstellbar. Allah belohnt oder bestraft die Menschen nach dem Jüngsten Gericht im Jenseits – je nachdem, wie sie seinen Geboten folgten.

Im Gegensatz dazu steht das Konzept des Buddhismus und Hinduismus: Die Welt war schon immer da. Sie ist nichts Feststehendes, sondern befindet sich in einem ständigen Veränderungsprozess. Sie durchläuft ewig wiederkehrende Etappen des Werdens und Vergehens. Im Buddhismus gibt es göttliche Wesen, im Hinduismus tausende Götter. Im Buddhismus gibt es den Weg der Selbsterlösung; hinduistische Götter haben die Macht, in das irdische Geschehen einzugreifen und den Menschen Beistand zu leisten. Jedes Leben ist die Quittung des vorangegangen, Sünden sind Fehler und bilden sich im Karma ab, durch gute Taten können sie wieder ausgeglichen werden. Entsprechend dem Karma, das die Seele gebildet hat, wird sie in einer neuen Existenz wiedergeboren.

Das wichtigste Mittel gegen einen Zusammenprall der Religionen und Weltanschauungen ist Respekt. Das beginnt bereits im privaten Bereich. Darüber möchte ich gerne eine Geschichte erzählen, die mich beeindruckt und beeinflusst hat. Mein Schwiegervater, von Kind auf nach der buddhistischen Lehre erzogen, führte mit seiner Frau, einer gläubigen Katholikin, eine außergewöhnliche Ehe. Obwohl sich hier zwei nur schwer zu vereinbarende religiöse Konzepte trafen, galt es im Haus meiner Schwiegereltern als selbstverständlichste Sache der Welt, sowohl buddhistische als auch christliche Feiertage mit dem gleichen Respekt zu beachten. Als meine Schwiegermutter vor einer schweren Herzoperation stand, war sie davon überzeugt, diese nur mit Gottes Hilfe zu überstehen. Deshalb bestand sie darauf, ein vergilbtes Christusbild, das sie seit Jahrzehnten in ihrer Handtasche trug, während der Operation bei sich zu haben. Mein Schwiegervater nahm das Anliegen seiner Frau ernst, bat um ein Gespräch beim Chirurgen und setzte sich dafür ein, dass ihr Wunsch berücksichtigt wurde. Das Bildchen wurde in eine sterile Folie eingeschweißt und lag während der Operation dicht bei der Patientin. Nach dem Eingriff war meine Schwiegermutter überzeugt, dass das Heiligenbildchen ihr das Leben gerettet hatte. Und der Schwiegervater war dankbar, dass er seine Frau wieder bei guter Gesundheit mit nach Hause nehmen konnte.

Die Insel im hohen Norden

Eine weitere Möglichkeit, mehr über sich selbst zu erfahren, ist eine Forschungsreise in die eigene Lesebiografie. Mit jedem Buch, das wir irgendwann gelesen haben, wurde eine Spur gelegt, die zu Menschen und ihren Lebenswelten geführt hat. Denken wir auch an die unendlich vielen Wissensbereiche, die wir uns durch Lektüre erschließen konnten. Wir begegneten Geschichten, haben erfahren, was die handelnden Personen denken, welche Entscheidungen sie getroffen haben, wir haben ihre Freuden und Nöte kennengelernt und so einen Einblick in die Schicksalswelten anderer Menschen nehmen können. Überdies wurden wir in Lebensverstrickungen eingeführt, an denen vielleicht unbenennbare Kräfte aus dem Hintergrund mitwirkten, oder die aufzeigen, wie eigenes Tun und Lassen den Menschen zum Vorteil oder Nachteil ausschlägt.

Es ist bekannt, welche Kraft von einem Vorbild, einem Idol auszugehen vermag, wie tief es in die Bildung der eigenen Identität eingreift. Man könnte von einer unsichtbaren Backform sprechen, in die eine noch ziemlich unförmige Teigmasse hineingegeben wird, die sich der vorgegebenen Form allmählich einpasst. Es müssen keineswegs gigantische, geniale und außergewöhnliche Menschen sein, die als Vorbild dienten, oft wirkt das Gegenteil genauso: ein Pechvogel, ein Erfolgloser, mit dem wir uns identifizieren können und für den wir hoffen, es wende sich alles doch noch zu seinen Gunsten. Wenn Geschichten über Menschen erzählt werden, gibt es in der Regel ein vielfältiges Angebot, von dem wir je nach persönlicher Präferenz und individueller Seelenlage Gebrauch machen. Die Figuren illustrieren, wie sie mit bestimmten Situationen umgehen, wie sie versuchen, ihre Wünsche umzusetzen, wie es ihnen gelingt oder wie sie daran scheitern, wie sie vielleicht die Angst lähmt, Wagnisse einzugehen, oder aber auch, wie sie diese Angst überwinden. So können die Figuren stellvertretend einen wagemutigen Weg gehen, wir sind lesend hautnah dabei, probeweise und ohne uns selbst den Gefahren aussetzen zu müssen. In den einen Figuren sehen wir uns selbst, andere lehnen wir ab oder verabscheuen sie sogar. Jedenfalls hinterlässt jedes Buch in unserem seelischen Bereich einen Fingerabdruck, sozusagen eine linguistische DNA und entwirft ein Menschenbild, das sich in der Gestaltung des eigenen Lebens widerspiegelt. Lesend lernen wir die Welt kennen, tasten uns in Wissensgebiete und Denkräume vor, Lebensläufe werden aufgefächert und zeichnen die unendliche Vielfalt der zu gestaltenden Lebensmöglichkeiten ab.

Es war an einem regnerischen Sonntag im Herbst. Aus unerfindlichen Gründen erlaubte die Mutter meiner Schwester und mir, nach dem Kirchgang wieder ins Bett zu huschen, um den ganzen Tag dort zu verbringen. Sie hatte wohl den Wunsch, etwas gutzumachen, hatte sie doch einige Tage zuvor unseren geliebten Hund Bijou verschenkt, da er ein unartiges Bürschchen war und sämtliche Schuhe und sonstigen Gegenstände angeknabbert hatte. Sie war der Ansicht, er gehöre in ein Haus mit ständiger Aufsicht. Der Schmerz war kaum auszuhalten, die Puppe, die Mutter mir als Ersatz anbot, war beinahe eine Beleidigung. Aber mit Büchern war das anders. Wir legten uns also ins Bett und begannen zu lesen, mein Buch trug den Titel *Die Insel im hohen Norden*. Sobald ich darin zu lesen begann, sah und hörte ich nichts mehr von dem, was um mich herum geschah, ich vergaß alles und auch der Trennungsschmerz war jäh verschwunden. An diesem Sonntag durchquerte ich die Welt- und Eismeere, ich hörte die Eisschollen unter meinem Bett krachen, ich roch die kristalline kalte Luft, die wohltuend in meinen Hirnzellen eine erfreuliche Frische erzeugte, ich entdeckte mir bis dahin unbekannte Kontinente, und eine unbezähmbare Neugier wurde in mir wach, mehr über die keltische Anderswelt und die germanische Mythologie zu erfahren. Es war der Auftakt zu einer lebenslangen Reise, zu dem Wunsch, gedanklich fremde Landstriche und Welten zu durchdringen. Auf dieser Spur entdeckte ich einen unbeschreiblichen Reichtum.

Ich bin davon überzeugt, dass Märchen, die wir bereits als kleine Kinder erzählt bekommen, einen wichtigen Grundstein dafür legen, wie wir über Menschen und ihre Geschichten denken, was wir von ihnen halten und letztlich auch, wie wir uns selbst sehen – als Rotkäppchen, gar als Wolf oder als der Jäger, der dem Wolf den Bauch aufschneidet.

Jedes Buch, das wir lesen, hinterlässt eine Spur. Die feministische Bewegung wäre undenkbar gewesen, wenn Frauen nicht Bücher gelesen hätten, zunächst heimlich, um zu erfahren, wie andere Frauen ihr Leben gestalten, vor allem, wie ein selbstbestimmtes Leben überhaupt aussieht. Das Buch von Stefan Bollmann *Frauen und Bücher. Eine Leidenschaft mit Folgen* zeichnet präzise nach, wie entscheidend es für Frauen war, Modellgeschichten, Protagonistinnen in ihrer Welt mitzuerleben, um sich aus Zwängen und unzumutbaren Abhängigkeiten zu befreien. Da wird einem auch plötzlich klar, wie gefährlich es ist, wenn Frauen lesen – und auch schreiben – können, und dass genau dies der Grundstein für alle Bildungsmöglichkeiten ist. Die Kinderrechtsaktivistin Malala, das mutige Mädchen aus dem Swat-Tal, das dafür kämpft, dass Mädchen die Schule besuchen können und dafür von den Taliban beinahe umgebracht wurde, überreichte Ban Ki-moon eine Petition, die für Bildung für alle Kinder eintritt: «Ein Kind, ein Lehrer, ein Stift und ein Buch können die Welt verändern.»

Wenn wir also wissen wollen, wer wir sind und vor allem, wie wir geworden sind, welches Menschenbild uns als Modell diente, könnten wir eine Lesebiografie erstellen. Wir stellen unsere Lieblingsbücher zusammen und fragen uns, welche Figuren und Ereignisse es waren, die bei uns besonders großen Eindruck hinterlassen haben. Besonders interessant ist es, wenn wir dies in einer Gruppe machen und unsere Ergebnisse miteinander austauschen. Da kann es sein, dass uns plötzlich klar wird, weshalb wir einen besonders intensiven Draht zu einer andern Frau haben: Unsere Gedankenwelten hatten sich bereits in virtuellen Leseräumen gekreuzt.

Die Spuren unserer Lesebiografie lässt sich bis in die Namensgebung unserer Kinder hineinverfolgen. Manchmal kommen Namen aus Büchern sogar über eigenartig verschlungene Wege wieder auf uns zurück. Als ich mit zwanzig eine kurzzeitige, aufregend heimliche Affäre mit einem Mann hatte, fand ich, sein Vorname «Heinz» passe nicht zu ihm. Er war ein Intellektueller, für seine jungen Jahre äußerst belesen, was ihn für mich besonders attraktiv machte. «Heinz» passte nicht in das Bild, das ich mir von ihm machte. Und da ich gerade das Theaterstück *Actis* las und mich die heimliche Liebesgeschichte zwischen Actis und dem Feldherrn Fabius in Atem hielt, taufte ich ihn für mich kurzerhand um in Fabius. Ihm gefiel dieser Name wohl auf Anhieb, denn er stellte sich sofort darauf ein. Nachdem wir uns nach kurzer Zeit getrennt hatten, behielt er den Namen bei. Dreißig Jahre später saß ein junger Mann in meiner psychotherapeutischen Praxis, der mit Vornamen Fabius hieß. Es war sein Sohn.

Mit Büchern sind wir in einer permanenten Lebensschule, die uns formt, lehrt, vitalisiert und prägt. Das Lesen schult die Intelligenz, bringt einem spielend Disziplin bei, fördert die Gestaltung eigenen kreativen Bildmaterials und gleichzeitig das logische Erfassen von Zusammenhängen. Bücher sind das Tor zur Welt, zu den Menschen und zu sich selbst. Wir spiegeln unser Menschenbild in dem der gelesenen Geschichten. Ob wir uns vertrauensvoll auf Menschen einlassen, den Verdacht schöpfen, dass uns jemand Schaden zufügen will, ob wir stets auf der Hut sind, überall Gefahren wittern und uns ständig absichern, damit uns niemand übers Ohr haut, hat mit den Modellen zu tun, die uns als Vorlage für unser Menschenbild dienen. Die Konstruktion unseres Menschenbildes trägt entscheidend dazu bei, wie wir unser Leben gestalten, welche Risiken wir bereit sind einzugehen, ob wir mit angezogener Bremse oder durchgedrücktem Gaspedal durchs Leben fahren.

Dass dieser Prozess mit dem Älterwerden keineswegs abreißt, sondern sich wie ein Fluss durch das Tal des Unbewussten fortschlängelt, können wir erleben, wenn uns ein Buch dazu veranlasst, über die eigene Lebensgestaltung nachzudenken. In Büchern werden Lebenswelten und Vorstellungen in Worte gefasst und gelangen damit in unser Bewusstsein. Oft ist es so, dass wir erst dann in der Lage sind, etwas zu begreifen und vielleicht auch entsprechende Handlungen zu vollziehen, wenn wir dafür Worte zur Verfügung haben. Als ich mein erstes Buch *Feuerzeichenfrau* schrieb, war ich über die vielen Zuschriften (damals noch per Post) erstaunt, vor allem auch darüber, wie mir Frauen berichteten, dass sie den Zusammenhang zwischen den Wechseljahren und einer tieferen sinnhaften Bedeutung durchaus erahnt, aber nicht die passenden Worte dafür gefunden hätten. So finden wir in Büchern oft jene Worte formuliert, die in uns selbst bereits seit längerer Zeit in der Warteschleife verharrten, um nun mit der Lektüre ins Bewusstsein aufzusteigen.

Ich und Du, Müllers Kuh, Müllers Esel … oder Alles wirkliche Leben ist Begegnung

Nicht nur Bücher prägen uns, sondern im gleichen Maße Begegnungen und Beziehungen mit andern Menschen. Mit den einen verbindet uns eine Zuneigung, von anderen halten wir uns lieber fern. Diejenigen aber, mit denen wir eine nahe Beziehung eingehen – und sei diese auch nur vorübergehend –, sagen ebenso viel über uns aus. Wie heißt es doch? Sage mir, mit wem du verkehrst, und ich sage dir, wer du bist. Es ist auf jeden Fall sehr aufschlussreich, die Beziehungen etwas genauer unter die Lupe zu nehmen und dabei mehr über uns selbst in Erfahrung zu bringen.

Wir können zum Beispiel eine Bilanz der Begegnungen und Beziehungen mit anderen ziehen und uns fragen, mit welchen Menschen wir uns tatsächlich besonders wohl fühlen, mit welchen wir uns hingegen aufgrund besonderer familiärer oder beruflicher Verbindungen wohl fühlen sollten. Und bei genauem Nachspüren werden wir feststellen, dass da noch ganz andere Gefühle wie etwa Abneigung hineinspielen. Es ist nicht immer einfach, sich dies einzugestehen. Aber wenn wir mehr über uns erfahren wollen, gehört eine ehrliche Bilanzierung unserer Gefühle als Grundlage dazu. Es gibt eben Personen, die wir lieber meiden. Kommen wir um eine Begegnung nicht herum, atmen wir hinterher erleichtert auf, es wieder einmal hinter uns gebracht zu haben.

Beziehungen pflastern unseren Lebensweg, tragen wesentlich zum eigenen Selbstbild, zur Identität bei. Die dialogische Begegnung ist die Sprache, der Träger, um mit einem andern überhaupt in Beziehung treten zu können. Deshalb steht die Reflexion über

Beziehungen im engen Zusammenhang mit der Sprache. Die ersten Begegnungs- und Sprachmuster erleben und erlernen wir in den ersten Lebensjahren. Wir erlernen nicht nur die Artikulation der regional eingefärbten Muttersprache, sondern ebenso strukturelle und inhaltliche Möglichkeiten von semantischen Sprachkonstruktionen mitsamt den damit verbundenen Vorstellungen und Phantasien. Das familiäre Spracherbe formt unser Denken. «Die Grenzen meiner Sprache sind die Grenzen meiner Welt», hat der Sprachphilosoph Ludwig Wittgenstein gesagt. Was nicht sprachlich erfasst werden kann, findet keinen Zugang zur Gedankenwelt. Steht in der Herkunftsfamilie lediglich ein dürftiges Sprachangebot zur Verfügung, wird Lesen umso bedeutungsvoller, ja eigentlich überlebenswichtig, um sich Zugang zu all jenen Bereichen zu verschaffen, die innerhalb der Familie nicht abgedeckt werden. Das Erschließen eines möglichst großen Sprachraums ist die Voraussetzung dafür, die individuellen Lebensbedürfnisse, Wünsche und Visionen zu erforschen und diese schließlich zu gestalten.

Andere Menschen können auch Futterplätze für die Seele sein, wo wir uns emotional nähren, uns ausruhen oder Erlebnisse austauschen. Egal wie simpel und sprachlich reduziert der Dialog jeweils ausfällt, stets erhalten wir neue Impulse. Die Menschen, bei denen wir uns ausruhen, zeigen uns auch, in welcher Gesellschaft wir uns besonders wohl fühlen. Ob wir etwa eine besonders differenzierte Denk- und Sprechweise bevorzugen oder uns lieber in einem thematisch eher unkomplizierten Umgang bewegen – beides drückt sich in der Art der Sprache aus, aber auch in der Art des Hörens. Es gibt Menschen, die sich große Mühe geben, ihre Gedanken sprachlich filigran zu fassen, andere wiederum lieben den holzschnittartigen Sprachduktus – hier die Guten, dort die Bösen, in klar abgegrenztem Schwarz-Weiß-Denken. Genauso verhält es sich mit dem Hören, es gibt gute

Zuhörer, die in die Tiefe hören können, das heißt, sie nehmen nicht nur Fakten und Zahlen auf, sondern erfassen auch die Erlebnisweise, die implizit hinter jeder Schilderung steckt. Anderen wiederum fehlt die Begabung, wirklich aufmerksam zuhören zu können; bereits nach wenigen Worten grätschen sie in den Gedankenfluss des Sprechenden hinein. Sie quetschen ihre eigenen Gedanken dazwischen, so dass das Gespräch eher den Charakter eines quälenden Gerangels als eines ausgewogenen Gedankenaustausches hat. Polit-Talk-Sendungen im Fernsehen eignen sich hervorragend dazu, Feldstudien zu betreiben. Die Ergebnisse sind nicht unbedingt erfreulich; dass ausgerechnet Menschen politische Verantwortung tragen wollen, die weder in der Lage sind, ihre Gedanken formal präzise und differenziert zu formulieren, noch dem Redebeitrag einer anderen Person aufmerksam zu folgen und exakt zuzuhören, stellt ein unberechenbares Risiko dar. Denn das Fehlen einer gereiften und ausgewogenen Sprachkultur lässt auf ein mangelhaftes Denkvermögen schließen.

Die Erforschung des eigenen Sprechverhaltens gibt Auskunft darüber, wie wir denken. Dazu eignet sich vorzüglich ein Ausflug in die eigene Vergangenheit: In welchem sprachlichen Umfeld hielten wir uns als Kind auf, welche Muster beeinflussten uns? Folgen wir immer noch dem familiären Sprachstil oder haben wir ihn erweitert oder gar hinter uns gelassen, weil er nicht zu unserer Lebensführung passte, sich eher hinderlich als förderlich auswirkte? Wer zum Beispiel in einer Familie aufgewachsen ist, in der man lediglich die nötigsten Sachverhalte kommunizierte, Befehle erteilte und alles, was sich auf der Gefühlsebene abspielte, ignorierte, ist gut beraten, nochmals gründlich darüber nachzudenken, wie sich dieses reduzierte Verhältnis zur Sprache korrigieren und erweitern lässt.

Ich erinnere mich sehr gut an meine Mutter; von den Personen, die mir Sprechen und auch Denken beigebracht haben, war sie sicher die wichtigste. Zwar hatte sie die Angewohnheit, in den häufigen Auseinandersetzungen mit meinem Vater in eisiges Schweigen zu versinken, was sich vor allem am Familientisch äußerst ungünstig auswirkte und dazu führte, dass uns das Essen im Halse stecken blieb. Ich hatte schon damals immer wieder versucht, in irgendeiner Weise vermittelnd einzugreifen – was mir eigentlich nie gelang. Im Rückblick stelle ich eine besondere Eigenart an mir fest, die ich wohl bereits in meiner Kindheit gelernt habe. Auch wenn meine Vermittlungsversuche nicht zum Erfolg führten, ließ ich nicht davon ab. In der Adventszeit ging ich häufig, ja beinahe täglich zur Kirche, betete inbrünstig, der liebe Gott solle doch möglichst dafür sorgen, dass die Eltern sich wenigstens an Heiligabend vertragen. Die unzähligen Fürbitten blieben unerhört, was mich allerdings nie davon abhielt, dieser letzten Instanz weiterhin einiges an Einflussmöglichkeiten zuzutrauen. Aber meine Mutter hatte auch noch eine ganz andere Seite, die sie leider wohl nur in der ersten Zeit des Zusammenseins mit meinem Vater zeigen konnte. Meine Mutter arbeitete als Näherin in einer Fabrik und ernährte die ganze Familie, der Vater war damals schon alt und nicht mehr arbeitstätig. Eine sogenannte *einfache* Frau, aber mit einem hochdifferenzierten Sprachvermögen und einer ebensolchen Hörfähigkeit: Sie war in der Lage mit dem dritten Ohr zu hören, keine Regung, die sich hinter einem abstrakten Begriff versteckte, entging ihr, sie unterbrach niemals meine Redebeiträge, sondern wartete bis zum Schluss meiner Ausführungen, um dann ihre Überlegungen dazu einzubringen. Da meine Mutter den ganzen Tag über arbeitete, verbrachte ich die Zeit, in der ich nicht in der Schule war, allein, meist in unserem großen Garten herumschlendernd, Rollschuh fahrend auf einem winzigen Stück Asphalt oder auf der Schaukel – meinem Lieblingsplatz. Am Abend holte ich meine Mutter am Fabriktor ab, und der Festabend begann, denn ich erzählte ihr alles, was ich erlebt hatte, vor allem aber auch, was ich gedacht hatte, selbst das, was ich denken wollte, aber mich nicht zu denken getraute. Und weil sie mir so genau zuhörte, sich gelegentlich dazu ebenfalls äußerte, assoziierte ich frei vor mich hin und vertiefte auf diese Art selbst den einen oder anderen Gedankengang im Erzählen. Diese Erfahrung hat die Parameter für meine zukünftigen Beziehungen festgelegt. Wer nicht in der Lage war, gedankliche Vorgänge differenziert in Worte zu fassen und gut zuhören konnte, interessierte mich nicht. Es kam sogar vor, dass ich in Liebesbeziehungen mehr Wert auf diese Aspekte legte als auf anderes, etwa auf die Ende der Sechzigerjahre über alles wichtige sexuelle Freiheit.

Die Konflikte, die sich in unseren Beziehungen zeigen – vor allem in der Partnerschaft – sind in der Regel auf unterschiedliche Menschenbilder zurückzuführen. Viele Krisen beginnen mit dem ersten gemeinsamen Kind, werden aber oft erst nach einigen Jahren sichtbar, wenn der Umgang mit dem Kind offenbart, wie unterschiedlich man doch in zentralen Fragen denkt. Irgendwie ist man einfach enttäuscht vom anderen, man zieht sich zurück oder ist gar verbittert. Dass dies keine Grundlage für eine lebendige und vertrauensvolle Beziehung ist, versteht sich von selbst. Wie aber kommt es dazu, dass sich zwei Menschen, die sich doch einmal sehr nah waren, so voneinander entfernen? Unsere unterschiedlichen Menschen- und Weltbilder sorgen dafür, dass wir in bestimmten Situationen völlig anders reagieren. Und weil wir in der Regel nicht wissen, welches Weltbild dahintersteht, sind wir im besten Fall irritiert, im schlechtesten verärgert und deuten bestimmte Verhaltensweisen als einen gegen uns gerichteten Angriff. Wenn zum Beispiel die Mutter nachts auf wiederholtes Weinen des Säuglings sofort reagiert und ihn eventuell zu sich ins Bett holt, weil sie denkt, das Kind beruhige sich und fühle sich besser, wenn es die Nähe und den Herzschlag der

Mutter wahrnehmen könne, geht sie davon aus, dass alles seine Richtigkeit hat. Sie denkt nicht im Traum daran, das Kind wolle sie manipulieren oder dergleichen. Sie fügt sich vertrauensvoll in den Verlauf der kindlichen Entwicklung ein, jede Spekulation ist ihr fern. Falls der Partner ebenso denkt, geht alles gut. Aber wenn er ein völlig anderes Menschenbild hat und davon ausgeht, dass jeder Mensch nur auf den eigenen Vorteil aus ist und dementsprechend versucht, Menschen für sich und die Erfüllung seiner Bedürfnisse zu benutzen, wird er versuchen, seine Partnerin von ihrem Vorhaben abzuhalten. Die Begründung: Dieses Kind wird dich später ausnutzen, es wird sich zu einem egoistischen Monster entwickeln. Man stelle sich die Szene vor, um den Zündstoff, der darin steckt, zu begreifen. Kind schreit, Mutter nervös und verunsichert, der Mann, der versucht, sie von ihrem Vorhaben abzuhalten. Gibt sie ihm nach, arbeitet sie gegen ihr eigenes Gewissen, zieht sie es durch und holt das Kind zu sich, hat sie den Konflikt mit dem Partner. Wenn es den beiden nicht gelingt, durch offene Gespräche miteinander ihre Überlegungen und Motive zu erklären, schwelt der Konflikt vor sich hin.

In meiner Tätigkeit als Paartherapeutin habe ich es immer wieder mit derartigen Konstellationen zu tun. Zu Beginn einer Beziehung ist ein großes, vielfältiges sprachliches Repertoire vorhanden. Nun wird es um neue Koseworte erweitert, die Freude an sprachlicher Mitteilung wächst. Bedingt durch tausend Alltagsverpflichtungen, schleichen sich allmählich Nachlässigkeiten ein, die vom anderen leicht als Kränkungen wahrgenommen werden. Zwei Menschen begegnen und verlieben sich, zeigen sich in ihren besten Möglichkeiten. Im Laufe des Zusammenlebens ereignen sich Kränkungen, seelische Verletzungen, Demütigungen, in der Regel gegenseitig und meist ohne die Absicht, dem andern etwas Übles antun zu wollen. Mit der Zeit häuft jede Person einen Berg von Kränkungen an und sammelt diese in einem Elefantengedächtnis. Hat in einer Beziehung erst einmal die Spirale gegenseitiger Kränkungen begonnen, wird sich auch das sprachliche Verhältnis zueinander verändern, die Möglichkeit, sich dem andern vertrauensvoll mitzuteilen, ist vertan und oft endet das Miteinander in Sprachlosigkeit.

Wenn Paare in dieser Phase angekommen sind, denken sie an Trennung. Dabei hätte es durchaus eine Chance gegeben, wieder gemeinsam zur Sprache zurückzufinden, einander alles Bedrückende mitzuteilen. Die paartherapeutische Arbeit besteht so oft vor allem darin, dazu anzuleiten, die turmhohen Stapel von Kränkungen ohne Schuldzuweisungen abzuarbeiten, den andern in seiner spezifischen Denk- und Erlebnisweise zu verstehen. Wenn Paare in die Jahre kommen, wird sich die Sprachkultur, die sich im Laufe des Zusammenseins entwickelte, entweder als vertrauensfördernd oder lebenshinderlich entpuppen. Ältere Menschen, die zusammenleben und nicht mehr miteinander sprechen können, erleben das als Folter. Marina, 81, erzählte mir: «Ich bin eigentlich lebendig begraben. Nur mit dem Unterschied, dass ich leider noch lebe. Wir schweigen uns von morgens bis abends an. Vielleicht werfen wir uns mal Worte wie Pfeile zu, etwa ‹Essen!›, ‹wo Zeitung?›, ‹draußen!›. Das war's dann wieder. Scheidung kommt nicht in Frage, die Renten reichen eh schon kaum. Wir sind aneinander gefesselt.»

Die verbreitete Vorstellung, dass es sich in späteren Jahren nicht mehr lohnt, sich gründlich miteinander auseinanderzusetzen, wieder eine gemeinsame Sprache zu finden, alles auszusprechen und zu bereinigen, ist falsch. Im Gegenteil! Ich habe immer wieder erlebt, wie es älteren Paaren gelungen ist, nochmals vertrauensvoll und in gegenseitiger Einfühlung und Wertschätzung zusammenzufinden. Wer einmal einen solchen Prozess miterleben durfte, weiß, dass die Worte des Johannes-Evangeliums, dass «alles durch das Wort geworden ist und nichts ohne das

Wort wurde», für den Umgang mit anderen und mit sich selbst essentiell ist.

Ob wir die Bereinigung in einem Gespräch gesucht oder uns angeschwiegen haben, ob wir unserem Unmut mit bissigen Bemerkungen Luft gemacht haben oder aber beleidigt ins Opferdasein geflüchtet sind, ist ein Indikator dafür, ob wir gelernt haben, Unebenheiten des Lebens als Aufgaben anzuerkennen, die es aktiv und selbstverantwortlich zu lösen gilt, oder ob wir davon ausgehen, alles regle sich von selbst. Womöglich hängen wir der Anspruchshaltung an, uns stehe in diesem Leben eine besondere Vorzugsbehandlung zu – eine Einstellung, die sich als Prinzessinnensyndrom bei vielen Frauen installiert hat.

Beziehung hat also immer mit Sprache zu tun. Letztlich ist es die Muttersprache, die im Gefühlsbereich den Takt angibt. Ein Wort, ein Silbe genügen, und wir fühlen uns zurückversetzt entweder in glückliche oder unglückliche Kindertage. Für Schweizer ist das Sprechen in der Schriftsprache oft ebenso hürdenreich wie in einer Fremdsprache. Ich bin davon überzeugt, dass die inzwischen wieder aufgeflammte schweizerische Animosität gegenüber Deutschen vor allem mit der subjektiv empfundenen sprachlichen Unterlegenheit in der mündlichen Ausdrucksweise zu tun hat. Wenn Schweizer mit Deutschen diskutieren, zeigt sich dieses verhängnisvolle Ungleichgewicht zu Ungunsten der Schweizer. Ich habe diese Unterschiedlichkeit in meiner eigenen Herkunftsfamilie beobachten können. Der Vater mitsamt seiner Familie sprach Schriftdeutsch, genau genommen ein mit dem badischen Dialekt leicht gefärbtes Deutsch. Die Schweizer Mutter indessen sprach Schweizerdeutsch, und ich habe sie – obwohl Deutsche bei uns ein- und ausgingen – niemals in der Schriftsprache reden gehört. Meine ältere Schwester, die später einen Franzosen geheiratet hat und perfekt Französisch spricht, hätte sich ebenfalls niemals in der Schriftsprache ausgedrückt. Bei mir war das ganz anders. Da ich mich von der deutschen Verwandtschaft besonders angezogen fühlte, war es für mich keine Frage, auch ihre Sprache zu sprechen. Zudem hatte ich herausgefunden, dass mir die deutsche Sprache in manchen Situationen mehr Durchschlagskraft verlieh. Wenn ich verärgert war und meiner Wut Ausdruck geben wollte, kamen nur schriftdeutsche Ausdrücke in Frage, die ich alle von meinem Vater gelernt hatte, der ein Meister im Fluchen war. Die dem Schweizerdeutschen eigenen, beinahe besänftigenden und spielzeughaften Verkleinerungen passten nicht, um den Flutwellen meiner Empörung Nachdruck zu verleihen.

Zudem hatte ich durch meine Beziehungen zu den Schauspielern des Konstanzer Theaters einen direkten Zugang zur deutschen Theaterliteratur. Von der Schule aus war es strengstens verboten, in der deutschen Nachbarstadt zu flanieren – man fürchtete wohl, wir würden der am Schnetztor positionierten Prostituierten (Huren wurden sie damals genannt!) ansichtig werden und unsere schweizerische Reinheit besudeln. Das kümmerte mich nicht, ich ging davon aus, dieses Verbot gelte nicht für mich. Ich marschierte beinahe täglich «hinüber», wir wohnten nur wenige Meter von der Grenze entfernt. Das brachte so viel Glanz in mein Leben, dass ich das Gefühl hatte, mit meinem ziemlich armseligen und komplizierten Elternhaus, in dem nichts so war wie bei den anderen, das große Los gezogen zu haben. Und beinahe etwas mitleidig (ohne Überheblichkeit!) blickte ich auf meine hochwohlgeborenen, im schweizerischen Wohlstand rundum weich gebetteten Schulfreundinnen und dachte stets: «Deine Welt hört an der Grenze auf, meine geht da erst richtig los.» Im Rückblick fällt mir auf, dass die Neigung, mich nicht um gesellschaftliche Gepflogenheiten zu kümmern, sondern einfach das zu tun, was ich für richtig halte, und mich immer wieder mit einer gewissen Selbstverständlichkeit und Leichtigkeit über Konventionen hinwegzusetzen, sich schon in meinen Jugendtagen auszubilden begann – und bis zum heutigen Tag ist mir diese unbekümmerte Einstellung erhalten geblieben.

Mit dieser Haltung stehen einem sämtliche Beziehungsmöglichkeiten offen. Ja, ich rede gern und unterhalte mich interessiert mit Menschen – gleich welcher Art. Dabei übt die Sprache eine ganz besondere Anziehung auf mich aus. Ob es der deutsche Verkäufer im Baumarkt ist, von dem ich mir langfädig die Funktion einer Spritzpistole erklären lasse, die mich nicht sonderlich interessiert, dessen wunderbarer Dialekt mich aber ganz nah an die Erinnerungen mit meinem Vater heranschaukelt, oder ob ich dem hochdifferenzierten philosophischen Ausflug in die Welt denkerischer Meisterleistungen folge – ich bin einfach fasziniert, was Sprache zu leisten vermag. Und mindestens einmal pro Tag denke ich voller Überzeugung: Im Anfang war das Wort.

So lebe ich in einer Beziehungsvielfalt ohne Berührungsängste, immer mit großem Interesse für alles, was Menschen zu sagen haben. Das bringt mir gelegentlich die harsche Kritik ein, mich wenig wählerisch in Gebieten zu bewegen, die unter meinem Niveau lägen. Nun, ich führe diese Einteilung nicht in meinem Hirn; entweder etwas interessiert mich – oder eben nicht. Als ich angefragt wurde, mich in einem Streitgespräch mit «Der Bachelor» auseinanderzusetzen, einer Fernsehshow von RTL, in der ein attraktiver Junggeselle eine Frau wählen soll, sagte ich spontan zu. Und siehe da, dieser bildschöne Mann, der die Aufgabe hatte, aus zweiundzwanzig ebenso bildschönen Frauen eine für sich auszusuchen, und der in der Presse als ziemlich oberflächlich dargestellt worden war, entpuppte sich als äußerst liebenswürdiger und interessanter Gesprächspartner, der mir seine tiefste Sehnsucht enthüllte: «Ich möchte einfach eine liebe Frau, die mich versteht, der ich nichts vormachen muss, bei der ich auch mal schwach sein kann.»

Meine eigene Beziehungsbiografie ist also bunt und vielfältig. Mit zunehmendem Älterwerden erkenne ich darin die Möglichkeit, möglichst unterschiedliche Menschen in ihrem Denken, mit ihrem gesamten Repertoire an Vorstellungen ihrer Welt kennenzulernen. Das Beziehungsfeld wird so nicht enger, sondern stets breiter. Und gelegentlich – vor allem, wenn ich nachts nicht schlafen kann – gehe ich in den virtuellen Denkräumen spazieren und treffe da immer wieder auf alte Bekannte, auf große Denker und Denkerinnen aus vorigen Jahrhunderten.

Wenn wir also erfahren wollen, wer wir eigentlich sind, ist die Frage, mit wem wir worüber und in welcher Sprache kommunizieren, aufschlussreich. Sollten wir dabei feststellen, dass unser Beziehungsnetz eher einem eingezäunten Schrebergarten gleicht als einer weitausladenden Landschaft, ist es höchste Zeit, noch das Gartentor aufzustoßen und sich draußen umzuschauen.

Bin ich ein Falke, ein Sturm …?

Wer auf ein langes Leben zurückschauen kann, weiß, es geht oft wie in einem Wellenmeer rauf und runter. Mitunter meinen wir, es geschafft zu haben, bis die nächste Monsterwelle daherrollt und wir entweder geschickt unter ihr durchtauchen oder es uns im Sog eines gewaltigen Wirbels hinunterzieht und wir so lange in die Tiefe sinken, bis wir wieder Grund unter den Füßen spüren. Solange wir mitten im Überlebenskampf stecken, ist die Frage nicht angemessen, wofür das denn alles gut sein soll. Wird sie von durchaus wohlmeinenden Freunden vorgebracht, wirkt sie eher wie eine Ohrfeige denn als hilfreiche Intervention. In der akuten Situation geht es vor allem darum, aus der bedrohlichen Situation herauszufinden – und zwar so schnell wie möglich. Wenn wir hingegen älter werden, uns in einem leicht überhöhten Logenplatz einrichten, von dem wir unser bisheriges Leben überblicken, erkennen wir rasch, dass die Herausforderungen, die wir zu überstehen hatten, immer an die Aktivierung unserer Fähigkeiten gekoppelt waren. Wer mit seinem Lebensschiff bereits durch stürmische Gebiete gesegelt ist, hat sich wohl einige Manövriertaktiken angeeignet und kann sie je nach Wetterverhältnissen virtuos einsetzen.

Die Natur ist eine gute Lehrmeisterin, sie zeigt uns zum Beispiel, wie eine Perle entsteht. Nur dann, wenn in der Muschel durch ein eingedrungenes Sandkorn eine Irritation entsteht, kann sich eine Perle entwickeln. Vielleicht ist diese Metapher bei der Betrachtung des eigenen Lebens hilfreich. Fragen wir doch, ob es uns gelingt, aufgrund der überstandenen Hindernisse, die uns Höchstleistungen abverlangt haben, eine ganze Perlenkette zusammenzufügen. Diesen Schmuck legen wir uns gedanklich um den Hals und blicken erhobenen Hauptes in die Zukunft.

Rita erzählt: «Als ich endlich eine Lehrstelle im kaufmännischen Bereich eines Hotelbetriebs in einem Kurort gefunden hatte, mit der Auflage, auch im Haus zu wohnen, war ich sehr erleichtert, der Enge meines Elternhauses und dem ganzen Drum und Dran familiärer Belastungen entfliehen zu können. Der Vater Alkoholiker, die Mutter im Selbstaufopferungsmodus hängend, wofür sie vom Dorfpfarrer hinterm Ohr gekrault wurde, meine beiden jüngeren Geschwister in einer Sonderschule untergebracht. Mir schien, als sei ich die einzige Normale unter lauter Idioten, ich wollte nichts wie weg aus diesem Irrenhaus. Ich hatte meine Koffer bereits gepackt, da erlitt die Mutter einen Schlaganfall mit schwerwiegenden Folgen. Ob ich wollte oder nicht, ich packte grollend meine Koffer wieder aus und kümmerte mich um die Familie. Die Mutter war ein Pflegefall, der Vater alles andere als pflegeleicht, und die beiden Kleinen waren schlimmer als ein Sack Flöhe zu hüten. Zuerst haderte ich, warum ausgerechnet ich in diese Aufgabe hineingezwungen worden war – hätte die Mutter nicht noch etwas warten können? Dann wurde ich wütend und hätte die immense Last am liebsten im Meer versenkt, dann folgte eine Zeit der Bitterkeit, bis ich mir selbst sagte, so kann das nicht weitergehen. Ich machte einen Plan. Zuerst knüpfte ich mir den Pfarrer vor und sagte ihm, er solle mir jemanden schicken, der mir dabei hilft, die tägliche Pflege meiner Mutter zu bewältigen. Dann meldete ich mich beim Hausarzt an und sagte ihm, so gehe es mit meinem Vater nicht weiter, er solle ihn gefälligst in eine Entziehungskur einweisen. Klar, Vater wollte nicht, er weigerte sich. Als ich ihm das Messer auf die Brust setzte und ihm klarmachte, dass ich ihn sonst in seinem Schlamassel alleine lassen würde – was ich ja nie getan hätte –, willigte er widerwillig ein. Und meinen kleinen Brüdern verkündete ich, die Zeit der Sonderschule und Sonderbehandlung sei vorbei, sie müssten zukünftig mit Hand anlegen. Sie bekamen von mir einen Tagesplan mit Aufgaben, die sie zu erledigen hatten, wie die Katze füttern, am Morgen Holz in die Küche tragen, täglich beim Bäcker ein Brot kaufen, im Garten Unkraut jäten und vieles mehr. Auch sie waren nicht einverstanden. Aber ich sagte ihnen, entweder mitmachen oder ab ins Heim. Bis alles einigermaßen funktionierte, vergingen einige Monate, der Vater wurde rückfällig, also sagte ich, alles nochmals von vorne. Nach der dritten Entziehungskur war er endlich trocken und wurde zu einem wichtigen Gehilfen in meiner Haushalts- und Familienführung. Der ältere der beiden Brüder, mit dem ich abends täglich Schulaufgaben machte, konnte in die Normalschule wechseln, allerdings eine Klasse nach unten versetzt. Beim jüngeren schienen Hopfen und Malz verloren zu sein, zunächst jedenfalls, er begriff erst allmählich, wo es langging. Als er dann später eine Maurerlehre machte und diese auch abschloss, konnte ich diese Akte ebenfalls schließen.

Wenn ich zurückdenke, muss ich sagen, es war schon eine unglaubliche Leistung, die ich da hingelegt habe. Dabei stieß ich auf eine mir bislang nicht bekannte Eigenschaft: eine große Willenskraft, gepaart mit der Fähigkeit, schwierige Sachverhalte unzimperlich und ohne zu jammern zu ordnen und gezielt zuzupacken. Ich lernte, was auch immer passiert, ich gehe nicht unter.

Diese Einstellung hat mich dann auch später über Wasser gehalten. Mein Schicksal war alles andere als von Rosenduft umhüllt. Zwei Scheidungen, alleinerziehend und alleinverdienend mit drei Kindern, davon eines behindert. Ohne Vorschulung in meinem Elternhaus hätte ich das alles nicht geschafft.

Mit 58 habe ich die Leitung eines Heimes für Jugendliche mit schwierigen Eltern übernommen. Alles, was ich früh gelernt hab, kann ich hier anwenden. Inzwischen bin ich 66 Jahre alt, viel zu jung, um die Hände, die so viel geleistet haben, in den Schoß zu legen. Zusammen mit einer jungen Leiterin arbeite ich freudig weiter und kann weiterhin meine ganze Erfahrung einbringen. Manchmal denke ich, was wäre wohl aus mir geworden, wenn ich im Büro eines Hotels gelandet wäre.»

Nicht immer sind die im Laufe eines Lebens gemachten Lernleistungen derart deutlich zu erkennen. Manchmal muss man sich etwas in Geduld üben, um zu begreifen, welche Aufgaben und Hürden es waren, die einen letztlich dazu veranlasst haben, alles, was da an Fähigkeiten vor sich hindöste, aufzuwecken und in Handlungen umzusetzen.

Oft sind es auch versteckte Ereignisse, denen wir kaum Beachtung geschenkt haben, die aber dennoch von großer Wichtigkeit waren. Leben ist immer Leistung, doch da wir uns angewöhnt haben, lediglich die für jedermann sichtbaren Bereiche zu würdigen, vergessen wir oft jene anderen, die eher bescheiden irgendwo in einer Ecke zu finden sind. Es geht jedoch um den gesamten Bestand dessen, was ein Mensch unternommen hat und was ihn schließlich zu dem gemacht hat, was er heute ist. So sind denn die unsichtbaren Lernleistungen genauso aufschlussreich, wenn es darum geht, das eigene Leben zu verstehen und in seiner Gesamtheit zu würdigen.

Ich habe mich etwa gefragt, woher meine Passion kommt, möglichst bei allen Erklärungen didaktisch vorzugehen. Wenn ich zum Beispiel einen Vortrag halte, erkundige ich mich vorher stets beim Veranstalter über die Zusammensetzung des Publikums. Ich will möglichst genau wissen, an wen ich meine Überlegungen und Ausführungen richte. So ist es für mich selbstverständlich, mich sprachlich möglichst genau auf die Zuhörenden einzustellen und wenn möglich meine Gedanken auf dem aufzubauen, was bereits als Erfahrung abgerufen werden kann. Deshalb fällt ein Vortrag vor einem an Sport oder Unterhaltung interessierten Publikum anders aus, als wenn ich auf einem Kongress für Psychologen oder Psychotherapeuten spreche.

So vorzugehen war für mich eine Selbstverständlichkeit, ohne dass ich mir das irgendwie angeeignet hätte. Als ich darüber nachdachte, fiel mir ein, dass ich als etwa Zehnjährige meinen langen Schulweg mit zwei geistig behinderten Kindern zurücklegte. Jeden Tag holte ich sie zu Hause ab. Der Weg am See entlang schien oft nicht enden zu wollen, weshalb wir uns die Zeit mit Spielen vertrieben. Schnell begriff ich, dass das nur gelingen würde, wenn ich imstande war, meine Absichten und Spielregeln absolut klar und folgerichtig zu erklären. Die damals trainierte Fähigkeit sollte mir nie mehr abhandenkommen.

Für viele ist es eine große Hilfe, sich schreibend mit der eigenen Biografie zu beschäftigen. Schreiben kann ein großartiger Prozess der Selbsterforschung sein. Sich schreibend auf die Suche nach sich selbst zu machen, führt in die geheimsten Winkel und unbewussten Gefilde hinein. Vielen Menschen fällt der Weg über das Schreiben leichter als der über das Sprechen. Im Schreibprozess verbleibt alles noch im geschützten Raum der

Intimität und kommt noch nicht ans Licht der Öffentlichkeit. Schreiben ist eine der ältesten Therapieformen; es gibt zahlreiche Zeugnisse davon, wie Menschen sich schreibend über schwierigste Lebensereignisse hinweggerettet haben. Beim Schreiben tauchen beinahe unmerklich Erinnerungen auf, nicht selten stehen sie in aller Deutlichkeit vor einem, wollen endlich wahrgenommen werden. Man könnte von einer «Erlösung» sprechen; diese stellt sich in dem Moment ein, da es uns gelingt, die Dinge beim Namen zu nennen. Der Vorgang gleicht dem im Märchen: «Triffst du nur das Zauberwort» – und der Fluch ist dahin. Wir sträuben uns oft, etwas zu benennen, aus Angst davor, Schmerz, Scham oder Wut würden nicht auszuhalten sein. Das Gegenteil ist der Fall. Das Bemühen, schmerzliche Erlebnisse und Erfahrungen zu unterdrücken, ist weit qualvoller, als sich dem allem zu stellen.

Wer sich bemüht, im Rückblick den roten Faden seiner eigenen Geschichte zu verfolgen, wird wahrscheinlich immer wieder staunend innehalten und sich fragen, wie sie das geschafft hat, das eigene Dasein durch so viele verschiedene Engpässe hindurchzuschleusen. Darauf gibt es keine abschließende Antwort außer den unermüdlichen Versuch, herauszufinden, wer wir eigentlich sind.

Ich lebe mein Leben in wachsenden Ringen,
die sich über die Dinge ziehn.
Ich werde den letzten vielleicht nicht vollbringen,
aber versuchen will ich ihn.

Ich kreise um Gott, um den uralten Turm,
und ich kreise jahrtausendelang;
und ich weiß noch nicht: bin ich ein Falke, ein Sturm
oder ein großer Gesang.

Rainer Maria Rilke

IV

Der Horizont ist weiter, als wir sehen können

Die Sehnsucht stirbt zuletzt

Wer sein Glück bereits in jungen Jahren von einem geeigneten Liebesobjekt abhängig gemacht hat, wird wahrscheinlich auch noch in späteren Jahren stets nach entsprechenden Möglichkeiten Ausschau halten. Sei es, um in der bestehenden Beziehung dem Partner nochmals so richtig Dampf zu machen, damit er romantische Vorstellungen erfülle, oder sei es – falls wir nicht in einer Partnerschaft leben –, dass wir stets nach einer passenden Gelegenheit wittern, wie etwa ein Segler bei totaler Windstille nach einer frischen Abendbrise schnuppert. Eigentlich wäre nichts dagegen einzuwenden, wenn die Chance auch wirklich bestünde, fündig zu werden. Das Gegenteil ist der Fall. Je älter Frauen werden, umso größer ist die Wahrscheinlichkeit, dass sie keinen Liebespartner mehr finden. Bei Männern verhält es sich grundlegend anders, auch in späteren Jahren bleiben ihre Möglichkeiten weitgehend erhalten. Offensichtlich gibt es viele Frauen, die sich durchaus vom väterlich beschützenden Drum und Dran, das von einem älteren Mann ausgeht, angezogen fühlen – selbst wenn diese Eigenschaften kaum zum Zuge kommen oder sogar überhaupt nicht vorhanden sind.

Wenn Frauen auf die sechzig zusteuern, wird es eng – es sei denn, sie können die verabscheuten Alterszeichen geschickt vertuschen. Dies ist eine Tatsache, die nicht gerne zur Kenntnis genommen wird. Das ist auch verständlich. Wir gestehen uns eben nicht gerne ein, dass wir in puncto körperlicher Attraktivität längst am Ende der Fahnenstange angelangt sind, schließlich ist unsere Identität eng damit verknüpft. Wer bin ich denn eigentlich, wenn ich diesen Trumpf nicht mehr ausspielen kann! Ein Blick in die Welt der Partnerschaftsanzeigen ist da hilfreich und trägt dazu bei, sich der Realität zu stellen. Der ältere Herr sucht nicht nach einer gleichaltrigen Partnerin, nein, je älter er wird, desto selbstverständlicher surft er im Segment der zwei Jahrzehnte jüngeren Frauen herum.

Doch selbst wenn ein Partner vorhanden ist, heißt das nicht, dass das Problem nicht existiert. Zwar stellen sich unfreiwillig Alleinlebende das Leben zu zweit oft als Rundumglück vor, gelegentlich beneiden sie auch ihre liierten Geschlechtsgenossinnen, schließlich haben sie genau das, was sie auch gerne hätten, einen liebenden und zärtlichen Partner an ihrer Seite. Die Wirklichkeit sieht oft ganz anders aus. Elvira, 65, seit 36 Jahren mit Max, 71, verheiratet, eine Tochter, zwei Enkel. Also familiär gut gebettet mit treusorgendem Mann an ihrer Seite: «Die einzige Zärtlichkeit, die ich noch erlebe, ist mit meinen zwei kleinen Enkeln, da wird geschmust und geknuddelt, das genieße ich umfassend und es tut mir einfach gut, denn bei Max ist der Ofen längst aus. Keine Zärtlichkeit oder dergleichen, sexuelle Annäherungen zwischen Mann und Frau kenne ich nur noch aus Romanen. Wir leben wie zwei langweilige, etwas entfernte Verwandte im gleichen Haushalt, reden zwar durchaus nett und respektvoll miteinander, aber das war es denn schon.»

Elvira beneidet ihre Freundin Rahel zutiefst, die ihr brühwarm berichtet, wenn es mit ihrem Mann zu sexuellen Handlungen gekommen ist. Dabei übertreibt sie gerne etwas, vor allem, was den leidenschaftlichen Teil betrifft. Rahel tut alles, um sich selbst bei Laune zu halten, überrascht ihren Mann immer wieder mit aufregender Unterwäsche. Sie versucht, die Flamme am Lodern zu halten, was – wie sie selbst bekennt – eine ziemlich anstrengende Angelegenheit sei und nicht immer die erwünschten Ergebnisse hervorbringe. «Aber», so seufzt sie, «schließlich hatten wir einst ganz gute Zeiten miteinander.» Für viele Paare muss die Erinnerung an die Vergangenheit mithelfen, um den aktuellen Frust ohne allzu große Bitterkeit zu überstehen.

Wahrscheinlich wird in keinem anderen Bereich derart viel gelogen und geschummelt wie in der Sexualität. Die einen prahlen lauthals, die anderen spielen herunter. Das ist nicht nur in jungen Jahren so, sondern setzt sich in den späten Jahren fort. Wenn wir uns der Sachlage auf ehrliche Art und Weise nähern, kommt das Ausmaß der Verunsicherung zutage. Der von mir sehr geschätzte Freund und Kollege Mathias Jung schreibt in einem Artikel «Die Last mit der Lust»:

«Die Bilanz sieht nicht gut aus. Über zwei Drittel der Frauen und Männer bewerten ihre Sexualität mit den Noten ‹genügend› und ‹ungenügend›. Freilich sind das Aufzeichnungen von Paaren, die ja eben wegen ihrer Krise zur Gruppentherapie kommen. Aber auch bei alten, ‹abgeklärten› Paaren stoßen meine therapeutischen Kolleginnen und Kollegen auf wahre Abgründe der Hilflosigkeit und des Nichtwissens bei sonst so lebenserfahrenen Menschen. Frauen fragen: ‹Ich brauche nicht immer den Geschlechtsverkehr, Zärtlichkeit ist mir wichtig – ist das erlaubt?› – ‹Warum habe ich oft Schmerzen, ein Brennen in der Scheide beim Verkehr, obwohl ich will und keine gesundheitliche Störung vorliegt?› – ‹Soll ich mich damit abfinden, dass ich meinen Orgasmus nur bekomme durch Befriedigung mit dem Mund?› – ‹Darf ich mit meinem Mann über meine sexuellen Wünsche offen reden?› – ‹Ich hasse es, beim Sex zu schweigen, aber ich weiß nicht, wie ich mich ausdrücken kann.›

Männer fragen: ‹Meine Frau meint, seitdem sie – vor zwei Jahrzehnten! – in die Wechseljahre gekommen sei, wolle sie keine Sexualität mehr. Wie kann ich zu einem sexuellen Ausgleich kommen, ohne Schuldkomplexe ihr gegenüber zu kriegen?› – ‹Inwieweit ist die eigene Frau (auch) ein Lustobjekt?› – ‹Habe ich Anspruch darauf, meine Sexualität in der Partnerschaft zu leben, oder muss ich, wenn meine Frau nicht will, auf die Sexualität bis zum Lebensende verzichten?› – ‹Warum muss ich immer die antreibende Kraft im Bett sein, obwohl meine Frau auch Lust auf Sex hat? Das demütigt mich. Ich fühle mich wie der Bock vom Dienst. Es staut sich viel Groll in mir auf.› – ‹Ich habe zunehmende Schwierigkeiten, eine Erektion zu bekommen beziehungsweise zu halten. Das ist mir peinlich. Werde ich impotent? Bei meiner Frau rede ich mich immer mit Müdigkeit heraus.›

Das Alter kann die große Freiheit bedeuten: Wenn wir uns der Kürze unserer Lebensperspektive bewusst werden, vermögen wir erst ihre Würze zu schmecken. Was es geschichtlich wohl noch nie gab, ist heute möglich. Anders als unsere Großeltern können wir heute Sex genießen. Wir lassen es nicht mehr zu, dass Eltern, Staat oder religiöse Institutionen unser Sexleben reglementieren. Wir stellen Ansprüche an den Sex. Wir wissen, Lust steht uns zu. Das alles macht Sex schöner und befreiter, aber auch mitteilungsbedürftiger. Es setzt uns unter Redezwang. Denn nur im Sprechen aus der Tiefe können wir uns über das komplizierte Unternehmen Sexualität verständigen.»

Vielleicht unterliegen wir Psychotherapeuten und Psychotherapeutinnen genauso wie unsere Klienten und Patienten allesamt einer Fehleinschätzung: Wir halten an einem Stadium fest und gehen davon aus, dass es immer so bleiben wird – und zwar bis ans Ende unserer Tage. Der ganze Rummel, der veranstaltet wird, um sich weiterhin aktiv sexuell zu betätigen, läuft darauf hinaus, dass wir davon ausgehen, die körperliche Energie ungebrochen zur Verfügung zu haben. Ein ziemlich verschobenes Weltbild. Was wir zum Beispiel in der Entwicklung mit kleinen Kindern erleben, könnte Anlass sein, grundsätzlich über das eigene Leben als einen sich ständig verändernden Prozess der Entwicklung nachzudenken. Wenn ein Vierjähriger darauf beharren würde, weiterhin gewickelt zu werden, wäre die Beunruhigung über seine psychische Gesundheit groß. Wenn sich dagegen ein Siebzigjähriger noch mit täglich zu absolvierenden Turnübungen abmüht, um seine sexuelle Leistungsfähigkeit möglichst ungebrochen zu erhalten, gehen wir davon aus, dass dieses Verhalten normal sei – obwohl bekannt ist, dass der Erektionswinkel bereits vom vierzigsten Lebensjahr an systematisch absinkt.

Obwohl es inzwischen die Spatzen von den Dächern pfeifen, dass der größte Teil der wichtigsten kulturellen, geistigen und unternehmerischen Konzeptionen erst nach dem sechzigsten Lebensjahr erfolgt, leugnen wir einen Zusammenhang zwischen der Zunahme denkerischer und der Abnahme körperlicher Leistungsfähigkeit. Könnte es nicht sein, dass sich die Energie, die sich in jüngeren Jahren unter anderem auch in sexueller Betätigung entladen hat, in späteren Jahren einfach in eine andere Form umwandelt? Der Begriff Sublimierung, lateinisch *sublimis* (hoch in der Luft schwebend), Adverb *sublime* (in der Höhe, in die Höhe), macht deutlich, dass etwas durch einen Prozess der Verfeinerung und Veredelung auf eine höhere Stufe gehoben wird. Die psychoanalytische Theorie schreibt kulturelle Leistungen und wissenschaftliche Forschung vor allem der Fähigkeit zu, sexuelle Energie in denkerisch-geistige Aktivität umzuwandeln.

Dabei handelt es sich nicht um einen sich schmerzlich abgerungenen Verzicht, sondern um einen Zugewinn an Freiräumen. Deshalb erleben nicht wenige ältere Menschen das Nachlassen sexueller Bedürfnisse selbst dann als eine Befreiung von Abhängigkeiten, wenn sie sich weder kulturell noch wissenschaftlich betätigen.

Maximilian, 73, geschäftlich äußerst erfolgreich, lebenslang als begehrter Playboy unterwegs, was zu vielen Krisen in seiner Ehe geführt hat: «Es ist wie ein neues Leben, und ich bin sehr dankbar, dass Dina so lange ausgeharrt und auf mich gewartet hat, ja, eigentlich auf bessere Zeiten. Nun erleben wir die schönsten Jahre miteinander.»

Und auch Leo, 66, noch immer ein äußerst attraktiver, hochgewachsener schlanker Mann, beinahe jünglingshaft kommt er daher, verriet mir anlässlich eines Empfanges: «Nein, du kannst es dir nicht vorstellen, wie es ist, wenn man wie ein Idiot jedem Rock nachhechelt und sich dabei selbst blöd vorkommt. Aber jetzt ist der Spuk vorbei. Gott sei Dank.»

Ein völlig anderes Bild liefert Yves, 69, Franzose, seit vierzig Jahren mit einer Schweizerin verheiratet. Er kann es nicht lassen, zum großen Leidwesen seiner Frau, die berichtet: «Er scharwenzelt um junge Mädchen herum; sobald eine auftaucht, ist er nicht mehr zu halten und macht sich zum Affen. Leider merkt er es nicht einmal, wie peinlich es ist. Ich muss dabei zusehen und ich frage mich, ob ich mir das noch länger antun soll. Ich bin 62, ich hoffte, dass sich das alles mit dem Älterwerden legt, aber es wird immer schlimmer. Wenn ich ihn darauf anspreche, sagt er einfach, er brauche das eben. Jetzt, nachdem er pensioniert ist, könnten wir uns ein schönes Leben mit Reisen leisten. Aber so habe ich es mir nicht vorgestellt. Ich denke an Scheidung, was ja auch wahnsinnig wäre, nach so vielen Jahren.»

Ich habe in meiner psychotherapeutischen Arbeit immer wieder mit Paaren gearbeitet, die sich ihre gemeinsamen späten Jahre nicht mehr vorstellen konnten, zu unterschiedlich waren ihre Pläne für ihr zukünftiges Leben. Dennoch fiel es ihnen schwer, einfach einen Schlussstrich zu ziehen. Dreißig, vierzig oder gar noch mehr Jahre, die man zusammen gemeistert hat, steckt man schließlich nicht einfach so mir nichts, dir nichts weg. Die Aussicht auf einen Neubeginn in späteren Jahren ist – wenigstens was Frauen betrifft – nicht gerade rosig. So lohnt es sich, nochmals zu überprüfen, ob man sich nicht doch miteinander auf den noch verbleibenden Weg machen möchte. Immer wieder habe ich sehr bewegende Momente mit Paaren erlebt, die sich ganz bewusst von der Erwartung romantischer und erotischer Wünsche verabschieden. Sie erschließen sich den weiten Raum freundschaftlicher Liebe, die Möglichkeit, beste und verlässliche Freunde zu werden.

Nicht immer klappt es. «Was wollen Sie eigentlich von mir?», schnaubte mich der wütend gewordene Lebensgefährte von Anita an, der es nach langem Überreden gelungen war, ihn zu einer Paarberatung zu bewegen. «Ich will von all dem esoterischen Schwachsinn nichts wissen, ich bin Realist und mit 66 noch nicht alt. Ich will Spaß und noch möglichst guten Sex haben, falls nötig mit Hilfsmitteln oder eben einer jungen Frau.» Ja, auch das ist verständlich und liegt im Ermessen und der freien Entscheidung jedes Einzelnen. Anita trennte sich schließlich von ihm, allerdings mit schwerem Herzen.

Wenn Paare zusammen alt werden, werden nochmals die unterschiedlichen Weltsichten deutlich. Es ist eben ein Unterschied, ob wir davon ausgehen, Leben sei einfach eine nette Spielwiese mit möglichst vielen Turn- und Klettergeräten und aufregenden Rutschbahnen, die direkt ins Schwimmbecken führen, oder ob wir dem Leben einen tieferen Sinn zugestehen, der im Reifen und Werden liegt, im Ringen um menschliche Würde. Im letzteren Fall sind wir auch bereit, uns weiterzuentwickeln und der ausschließlich geschlechtsbezogenen Identität eine weitere Dimension hinzuzufügen, nämlich die, einfach menschlich zu werden.

Common sense ist heute, dass Sex glücklich mache. Sex ist zu einem Muss geworden. Nach offiziellen Statistiken sollte die operative Tätigkeit an der sexuellen Front mindestens 2,4-mal pro Woche stattfinden, um dem Durchschnittswert zu entsprechen. Trotzdem – oder gerade deshalb – sollten wir es uns nicht nehmen lassen, darüber nachzudenken. Hat nicht alles seine Zeit? Und wäre nicht ein Leben wünschenswert ohne den Druck, Sex haben zu müssen? Könnte die altersgemäße Antwort auf die Sexfrage nicht ein Aufatmen sein?

Als ich jung war, hatte ich jeweils die Aufgabe, meine Mutter mit dem Auto von A nach B zu fahren. Da ich ständig in irgendwelche Liebesabenteuer verstrickt war, wollte ich sie möglichst rasch am Ziel absetzen. Sie nervte mich ziemlich, da sie mich unentwegt auf die Schönheit der Natur aufmerksam machen wollte: «Schau mal, die schönen Forsythien da drüben.» Und ich habe immer geantwortet: «Ja, also ja, jetzt rechts oder links?» – «Ja und schau mal, wie schön die blühenden Blumen.» Ich habe immer gedacht, die Frau tickt irgendwie nicht richtig, ich soll sie zum Zahnarzt fahren, und sie redet dauernd von Forsythien. Mein Wunsch war, sie so schnell wie möglich an ihren Bestimmungsort zu bringen, damit ich meinen aktuellen Interessen nachgehen konnte, in der Regel ein Rendezvous oder sonst etwas Aufregendes. Und diese Frau spricht immer von den Forsythien! Aber dann, sehr viel später, plötzlich und quasi aus heiterem Himmel, als ich mit meinem Partner unterwegs war, hörte ich mich sagen: «Hast du die schönen Forsythien gesehen?» Und ich hörte meine Mutter in der Erinnerung und verstand sie plötzlich. Da habe ich angefangen nachzudenken und bemerkt, dass sich die Interessengebiete mit dem Älterwerden langsam verschieben und ganz neue Themen eine Bedeutung bekommen. Ich habe begonnen, Menschen über sechzig zu fragen, ob sie den blühenden Forsythien mehr Aufmerksamkeit als früher schenken. Und aus diesen Gesprächen habe ich viel gelernt.

Wenn die Forsythien blühn

Wenn wir Kinder sind, dann verfügen wir über eine breit gefächerte sinnliche Wahrnehmungspalette. Denken wir nur daran, mit wie viel Freude und Wonne wir barfuß über eine sonnenbestrahlte Wiese gesprungen sind, mit welcher Aufmerksamkeit wir dem Vogelgezwitscher lauschten, wie wir mit kleinen Fingern aus Mutters Teigschüssel den Kuchenteig herausgepult haben oder wie wir verträumt das Fell der geliebten Hauskatze streichelten. Da waren unsere Sinneskanäle weit geöffnet; wir haben alles vollumfänglich in uns aufgesogen und genießen können. Mit dem allmählichen Erwachsenwerden verändert sich bei vielen diese Fähigkeit der sinnlichen Wahrnehmung, der Wahrnehmungskanal verengt sich und die Aufmerksamkeit wird auf ganz andere Bereiche umgelenkt. Beim weiblichen Geschlecht ist die Neigung festzustellen – selbstverständlich nicht bei allen –, dass sich das Interesse eher auf romantische Inhalte fokussiert. Junge Mädchen träumen vom liebenswürdigen und finanzstarken Prinzen, der sie auf Händen trägt und ihr das Gefühl gibt, die Schönste und Einzige zu sein und er werde ihr treu bis zum Lebensende verbunden bleiben. Beim Jungen hingegen steht weniger Romantik als handfeste Sexualität im Vordergrund, selbstverständlich ist auch dies nicht bei allen der Fall. Dennoch lässt sich bei beiden Geschlechtern die Tendenz feststellen, dass die leidenschaftliche Begeisterung für Vogelstimmen, Sommerwiesen, Teigreste und Katzenfell eher an Bedeutung verliert. Die Fähigkeit, enthusiastisch seinen Interessen nachzugehen, bleibt zwar erhalten, aber das Ziel erfährt eine Kurskorrektur. Es geraten andere Bereiche in den Vordergrund, unter anderem auch die Suche nach einer geeigneten Person, die als Liebespartner in Frage kommt. Einige Jahrzehnte lang kreisen unsere Gedanken um die Frage, wie wir mit einer anderen Person das Glück finden, das uns vorschwebt; dabei spielt die körperliche Attraktivität eine große Rolle, je nachdem wie stark wir unseren Fokus darauf richten.

Der Prozess des Älterwerdens führt uns nun aber nochmals in völlig andere Dimensionen des Erlebens. Der verengte Wahrnehmungskanal, der stets auf mögliche Liebesbeweise und auf den Partner ausgerichtet ist, verändert sich. Wir sehen nun plötzlich wieder die Blumen und den Sonnenuntergang, atmen den Duft der nassen Bäume an einem regnerischen Sommerabend tief in uns ein und lassen uns begeistern von einer kulturellen Veranstaltung. Wir haben den Eindruck, ein Bild, das schon immer im Flur hing, zum ersten Mal zu sehen, und sind von seiner Schönheit einfach erschüttert. Wir lesen ein Gedicht, das wir in der Schule einst auswendig gelernt hatten, und erst in den späten Jahren sind die Worte in der Lage, uns mitten ins Herz zu treffen. Wir nähern uns jener Fähigkeit wieder, die wir als Kinder einst besaßen, mit unseren Sinnen die Welt zu erspüren. Das Wohlgefühl, das wir dabei empfinden, knüpft an kindliche Freude und Lebenslust an. So ist es nicht verwunderlich, wenn sich Großeltern mit ihren Enkeln besonders gut verstehen; was ihre Empathiefähigkeit betrifft, stehen sie etwa auf der gleichen Stufe. Deshalb gelingt es Großeltern oft, mit ihren Enkeln in Erlebnisbereiche vorzustoßen, die für die Eltern eher mühsam zu erreichen, weil langweilig, sind oder die eine Affengeduld erfordern. Als meine Kinder klein waren, wollten sie immer an einem Weiher sitzen und auf die Molche warten, was für mich nicht in Frage kam, da ich viel zu ungeduldig und in tausend Aktivitäten aller Art verstrickt war. Inzwischen sitze ich aber mit größter Freude stundenlang mit meinen Enkelinnen irgendwo, höre ihnen zu, lasse mich vom Geigenklang verzaubern, kann nicht genug davon bekommen – was objektiv betrachtet kaum nachvollziehbar ist. Auch macht es mir überhaupt nichts aus, mit ihnen zum wiederholten Mal die Sisi-Filme anzuschauen. Oder ich sitze mit meinem kleinen Enkel vor dem iPad – zum großen Verdruss seiner eher medienkritischen Mutter – und fahnde nach den aufregendsten Bildern von Traktoren, Baggern, Sattelschleppern, Hebebühnen und Betonmischern. Hier verschiebt sich etwas, präziser formuliert, hier wird etwas zurückgewonnen, nämlich die einstige Meisterschaft, sämtliche Sinneskanäle auf Empfang zu schalten. Spätestens bei diesen Überlegungen kommen einem bekannte Worte in den Sinn: Wenn wir nicht werden wie die Kinder, kommen wir nicht ins Himmelreich. Ich denke, hier ist das Himmelreich zu suchen, in der Offenheit dem Leben gegenüber, der dankbaren Eigenschaft, sich der wunderbaren Sinneswahrnehmung hinzugeben und die Welt wieder möglichst weit gefasst zu erleben. So gesehen gleicht die Veränderung des sexuellen Begehrens nicht etwa einem Verlust, sondern dem Zugewinn jener Möglichkeiten, die wir bereits einmal besaßen. Wir knüpfen an die kindliche Erlebnis- und Erfahrungswelt an und holen uns diesen Erinnerungsschatz in unser Gedächtnis zurück. Das bietet auch der Partnerschaft ungeahnte Chancen.

Wenn Paare begriffen haben, dass es jetzt nicht mehr vorwiegend um die operative sexuelle Ausübung geht – die kann selbstverständlich je nach persönlichen Wünschen und Neigungen auch eine Rolle spielen –, verliert diese ihre bisherige Vorrangstellung. Jetzt geht es darum, über das Geschlechtliche und die damit verbundene Identität hinaus das grundsätzliche Menschliche in den Fokus zu nehmen, sich im Menschsein zu beheimaten.

Man muss ja nur Paaren genau zuhören, um Signaturen derartiger Veränderungen aufzuspüren. Ich höre immer wieder von verunsicherten Paaren: Wir haben es eigentlich sehr gut zusammen, aber irgendetwas stimmt nicht mehr, denn wir haben keine Lust mehr auf Sexualität. Diese Paare sind beunruhigt, dabei gäbe es Anlass zur Freude. Wir haben im Deutschen nur dieses eine Wort «Liebe» und damit meinen wir Geschlechtsliebe, Freundschaftsliebe, Partnerliebe, Mutterliebe, Tierliebe usw. Nehmen wir aber die griechischen Begriffe Eros, Philia und Agape hinzu, dann begreifen wir sehr viel einfacher, was alles darunter zu verstehen ist und welche Entwicklungsdimensionen Liebe umfasst. Der Religionsphilosoph Herman Weidelener hat die drei griechischen Begriffe auf die Metapher eines Berges übertragen: Am Fuße des Berges ist Eros, also die sexuelle Aktivität, beheimatet. In den mittleren, aufsteigenden Regionen ist Philia, die Freundschaftsliebe, zu Hause. Sie zeichnet sich dadurch aus, dass wir am gegenseitigen Wohl interessiert sind, uns wohlgesinnt sind, füreinander da sind, also eine uneigennützige Form der Liebe leben. Weiter oben, auf der Bergspitze, sitzt die allumfassende Liebe, Agape, die niemanden ausschließt, vielmehr alle Lebewesen liebend einschließt. Diesen Zustand erreicht man wohl erst kurz vor der Heiligkeit – ich gehe davon aus, dass für die meisten von uns das noch etwas dauern wird. Um den Berg der Liebe zu besteigen, muss man zuerst die unteren Etappen bewältigen. Gut also, wenn zunächst ein möglichst schwungvoller Auftakt erfolgt. Man kann die sexuelle Energie auch als Schub verstehen, denn sie eignet sich hervorragend, um richtig in Bewegung zu geraten, ja, sich auch risikobereit auf die vitalisierende Kraft der Liebe einzulassen. Dass dabei der Verstand beinahe aussetzt, scheint zum übergeordneten Konzept zu gehören, für möglichst viel Triebkraft für den Aufstieg zu sorgen. Nun gibt es Paare, die kurven über Jahrzehnte vergnügt auf dieser erotischen Ebene herum. Sie freuen sich über regelmäßig stattfindende sexuelle Begegnungen und vermissen nichts und niemanden. Nach meiner Schätzung gibt es jedoch sehr viel mehr Paare, denen bereits nach wenigen Jahren die Lust eher abhandenkommt. Ein großer Einschnitt ist immer das erste Kind. Wenn aus Paaren Eltern werden, kann es sein, dass sich die Bedürfnisse verändern – oft wissen die Betroffen nur zu wenig über den Hintergrund. In der Regel ist die junge Mutter durch den Vorgang der Geburt und das anschließende Stillen von Glückshormonen durchtränkt. Indem sie sich liebend dem Kind zuwendet, klinkt sie sich zunächst von der Tankstelle des Eros aus. Wenn Paare darüber nicht sprechen können, ist der Konflikt abzusehen, der sich unter Umständen einige Jahre später meldet. Wir kennen aus dem Französischen den schönen Ausdruck: *faire l'amour*, Liebe machen. Junge Mütter müssen eben nicht Liebe machen, denn sie sind bereits liebend geworden. Ein ähnlicher Prozess findet sich auch in langen Partnerschaften; lebt man in einem freundschaftlichen Miteinander, kommt unter Umständen die Lust – unten am Berge herumzukurven – einfach abhanden. Der Motor der Liebesenergie ist dann nicht mehr sexuelles Begehren, sondern in Freundschaft füreinander da zu sein.

Älter zu werden fordert uns dazu heraus, über die eigenen Grenzen hinauszudenken. Es kann ein Heimweg zu uns selbst werden, vor allem dann, wenn wir uns selbst in der Hektik der Alltagsbewältigung aus den Augen verloren haben oder gar auf der Flucht vor uns selbst waren. In gewisser Weise ist auch die Sehnsucht nach Sexualität ein Suchen nach der eigenen Heimat.

Auch diesbezüglich hat mir meine Mutter, ohne es zu wissen, eine Orientierung gegeben. Als sie im Altersheim war, verliebte sie sich. Ich wurde zur Direktion gerufen und darum gebeten, meiner Mutter beizubringen, dass so etwas hier nicht ginge. Das habe ich natürlich nicht gemacht. Im Gegenteil, ich habe gesagt: Ich lege großen Wert darauf, dass diese beiden Menschen das, was sie verbindet, auch leben können. In Anbetracht dessen, dass meine Mutter gehbehindert war und der Mann, in den sie sich verliebt hatte, beinamputiert im Rollstuhl saß, können körperliche, akrobatische Aktivitäten kaum im Zentrum ihres Zusammenseins gestanden haben. Als dann meine Mutter starb, sagte dieser Mann: «Das waren die schönsten Stunden, die ich je mit einer Frau verbracht habe.» Natürlich wollte ich wissen, was denn so schön war. Ich habe ihn gefragt, und er hat es mir gesagt: «Wir haben uns unser ganzes Leben erzählen können und der andere hat zugehört. Das war das Paradies, ich habe das noch nie so erlebt und ich war noch nie einem Menschen so nah wie dieser Frau.»

Mir hat kürzlich ein Paar, das schon viele Jahre verheiratet ist, erzählt, dass sie sich noch nie so eng miteinander verbunden fühlten wie jetzt, in dieser Zeit der späten Jahre. Sie haben herausgefunden, dass sie, wenn sie nachts bei geöffneten Fenstern im Bett liegen und gemeinsam dem Rascheln der Blätter lauschen, das Gefühl einer beinahe unbeschreiblichen Intimität und Nähe erfahren, wie sie es in der sexuellen Vereinigung nie hatten erleben können.

Gerade im Alter, wo gegenseitige Hilfe und Beistand immer wichtiger werden, kommt es vor allem auf die Fähigkeit an, miteinander durch das Freundesland des Wohlwollens und der Liebe zu schreiten. Peter Gross hat in seinem Buch *Ich muss sterben* ein ergreifendes Zeugnis abgelegt, wie sich die Liebe gerade auch im Angesicht des Todes nochmals eine neue Dimension erobert: «Es ist insofern postsexuell, als nicht mehr das Geschlecht oder dessen Merkmale Objekt der Begierde sind, sondern das von allen irdischen Begehrlichkeiten gereinigte Zusammensein. Gemeinsam im Bett nebeneinander zu liegen und sich gegenseitig die Hand zu halten, das ist für mich der Himmel auf Erden.»

Angesichts derartiger Höhenflüge wirken doch Nachhilfeseminare für Ältere, um sexuell fit zu bleiben, armselig. Wohlverstanden, ich habe nichts gegen Sexualität einzuwenden, auch im Alter nicht, aber wenn sie der einzige Fokus der Beziehung bleibt, versäumen wir, was das Älterwerden eigentlich zu bieten hat: das Erschließen inneren Reichtums. Letztlich könnte man sagen: Transzendenz. Denn der Horizont ist weiter, als wir sehen können.

Im Garten der neuen Freiheiten

Es sagt sich leicht, man solle sich neue Freiräume erschließen. Wir wissen, dies hat viel mit Loslassen, mit Aufräumen, mit Bereinigen, mit dem Erledigen von Unerledigtem und letztlich auch mit Versöhnen und Verzeihen zu tun. Der Gewinn, den wir dadurch erhalten, leuchtet wahrscheinlich den meisten ein; wir wissen genau, wie es sich anfühlt, wenn man wieder etwas, das auf der Seele lastete, aus dem Gedächtnis entlassen kann und sich dieses wunderbare Gefühl einstellt, Ballast abgeworfen zu haben.

So einfach es sich denkt und hinschreibt, so schwierig ist es oft, dies im Alltag umzusetzen. Deshalb möchte ich ganz konkret einige Beispiele aus unterschiedlichen Bereichen aus meinem eigenen Leben vorstellen.

Wenn wir schon lange auf der Welt sind, verfügen wir wahrscheinlich auch über ein ansehnliches Sammelsurium von Andenken, Briefen, schriftlichen Dokumenten wie etwa Schulheften und Schulzeugnissen, Fotos aus dem Elternhaus usw. Da kommt einiges zusammen, vor allem dann, wenn man während seines Lebens nicht häufig umgezogen ist und jedes Mal das eigene Inventar einer Generalsäuberung unterziehen und sich von einigen Dingen trennen musste. Da hilft es, wenn die Unterkünfte und Wohnungen sich allmählich verkleinern, was sich nach dem sechzigsten Lebensjahr eher ergibt. Wenn wir uns vorher noch auf Expansionskurs befanden – die Wohnungen wurden stets noch etwas geräumiger, das Haus stattlicher –, so geht die Entwicklung nach dem Pensionsalter meist in die entgegengesetzte Richtung. Ich habe bei einigen meiner Freunde und Freundinnen diesen Rückbau beobachtet, oft mit größter Bewunderung; da wurden ganze Möbeleinrichtungen entsorgt, vieles, was einst lieb und teuer war, an interessierte Personen verschenkt. «Wohin mit meinem ganzen Tand und Geschmeide», klagte Viola, die sich über fünfzig Jahre mit dem ausgefallensten Modeschmuck behängte, den sie als Reiseleiterin auf ihren Feldzügen durch die Boutiquen in aller Welt zusammengekauft hatte, und dabei auch ihre Umgebung in Verzückung versetzte. «Inzwischen», sagt sie mutig, «möchte ich als Achtzigjährige nicht mehr wie ein glitzernder Christbaum herumwandeln und mich der Lächerlichkeit preisgeben. Aber in den Müll gehören diese wahrlich attraktiven Teile auch nicht.» Da denkt man vielleicht zunächst an die Nachkommen, die eigenen Töchter und – falls vorhanden – Enkelinnen. Oft aber will der Transfer nicht so einfach gelingen, denn gerade die Nahestehenden zeigen wenig Eifer, den Stil der eigenen Mutter oder Großmutter nachzuahmen; es kann sogar sein, dass dieser den einen oder andern ziemlich auf die Nerven ging. So ist es manchmal nicht einfach, sehr persönliche Dinge zu platzieren, und manchmal bleibt tatsächlich nichts anderes mehr übrig als ab in den Müll. Dies aber brachte Viola nicht übers Herz; so veranstaltete sie an einem Samstag in ihrem Wohnquartier einen privaten Bazar, jeder konnte sich frei bedienen. Binnen weniger Stunden haben alle bunten Ketten, die ausgefallenen Ringe, seltene Arm- und Fußspangen, abenteuerliches Ohrgehänge sowie exotischer Haarschmuck und mindestens 350 farbenprächtigste Foulards und Schultertücher neue Besitzerinnen gefunden. Darüber hinaus hat Viola zahlreiche Einladungen erhalten, sozusagen als Dank. «Bei mir bleibt während der nächsten Monate die Küche kalt.»

Als ich mich selbst um die Ansammlungen meiner Vergangenheit zu kümmern begann, wurde mir klar, dass es sich vor allem um eine Vielzahl von Schriftstücken handelt, angefangen von Tagebüchern, die ich bereits als Jugendliche zu schreiben begonnen habe. Unglücklicherweise habe ich von den unzähligen Liebesbriefen, die vor allem in jungen Jahren an die jeweiligen Auserkorenen gingen, jeweils Kopien erstellt, mit Kohlepapier im Durchschlagverfahren. Interessant ist schon zu sehen, dass sich die Briefe glichen wie ein Ei dem anderen, an wen sie auch immer gerichtet waren. Inhaltlich geht es stets darum, die seelische Befindlichkeit zu erklären, offenbar hatte ich ein großes Bedürfnis, jemandem davon zu berichten. Aus den unzähligen Wiederholungen zu schließen, stieß ich mit meinen Schilderungen nicht auf großes Interesse. Ebenso die Tagebücher. Es sind wenig konkrete Ausführungen über wichtige Ereignisse zu finden – Abschlussprüfungen, beim Segeln in Seenot zu geraten mit anschließender abenteuerlicher Rettung, interessante berufliche Aufgaben und dergleichen –, vielmehr minutiöse Aufzeichnungen seelischer Befindlichkeit, also Erschütterungen, Enttäuschungen, Freuden- und Glücksmomente, gespickt mit Erkenntnissen der besonderen Art. So stieß ich z.B. auf eine ziemlich bemerkenswerte Schlussfolgerung, die ich während meiner Ausbildungszeit in der Schauspielschule über meine Unlust, Texte zu lernen, notierte. Ich schrieb: «Ei, wie interessant, ein Mensch, der so wenig übt wie ich und dennoch ganz passable Resultate erzielt, muss begabt sein.» Dies gab mir die Legitimation, weiterhin nicht viel zu tun und mich für eine mit Talent Gesegnete zu halten, was sich allerdings als Irrtum herausstellte, als ich bei der Prüfung durchfiel. Als ich kürzlich einem Schülerkonzert beiwohnte, bei dem eine meiner Enkelinnen Geige spielte, und ich vom Gram ihrer Mutter wusste, dass das Kind kaum übt, stellte ich fest, dass sie dennoch ein hervorragendes Solo spielte. Nach dem Konzert hatte ich das Bedürfnis, meiner Enkelin von meinem Textfund zu erzählen. «Ja, Omi, ganz genau», war ihr

Kommentar. Meine Tochter hatte an dieser großmütterlichen Opposition gegen ihren Erziehungseifer wenig Freude.

Bei der Vorstellung, alle alten Tagebücher und sonstigen Ergüsse zu verbrennen, ist mir nicht ganz wohl. Es ist nicht das Gefühl, mich nicht davon trennen zu können. Aber ich denke, vielleicht könnte es die Enkelgeneration interessieren. Im Einverständnis mit meinen Töchtern – die erleichtert aufatmeten, sich einst nicht auch noch darum kümmern zu müssen – habe ich nun die Abmachung getroffen, dass der gesamte schriftliche unveröffentlichte Nachlass an meine Enkel geht und von ihnen zu verwalten sein wird. Sie werden einst darüber entscheiden, was damit geschieht, ob sie es lesen wollen, aufbewahren für spätere Nachkommen oder ob sie es einfach verbrennen. Das gibt mir ein verdammt gutes Gefühl. Somit ist meine private, schriftliche Produktion gut untergebracht und für mich erledigt. Nun bin ich dabei, alles in einer großen Kiste einzusammeln. Und irgendwann, nach meinem Tode, werden meine Enkelkinder sie öffnen.

Was die vielen Bücher betrifft, bin ich irgendwie ratlos. Obwohl ich die meisten wohl kaum noch einmal lesen werde, würde es mir doch sehr schwer fallen, mich von ihnen zu trennen oder sie auszusortieren. Irgendwie verbinde ich stets etwas ganz Besonderes mit ihnen, eine Art freundschaftliche Verbundenheit mit den Autorinnen oder Autoren – vor allem dann, wenn sie schon tot sind. Ich fühle mich irgendwie wie in einem großen geistigen Freundeskreis, der interaktiv virtuell tätig ist, Gedankengänge in Bewegung setzt und mir ständig wichtige Impulse liefert. Die Befürchtung, mit der Entsorgung der Bücher würde mir dieser Kontakt gekappt, ist groß – wenngleich ich weiß, dass dem wohl nicht so sein wird. So erlaube ich mir einfach, mich mit allen Büchern so lange zu umgeben, bis ich mich eines Tages verkleinern muss. Bis dahin genieße ich die

Gesellschaft meiner Bücher täglich in vollen Zügen. Ich will damit sagen, dass es nicht sinnvoll ist, in vorauseilender Besorgnis um die Zukunft Schrumpfungsprozesse in Gang zu setzen. Als mir eine Bekannte, 58, kürzlich in großer Sorge erzählte, wie schwierig es sei, ein rollstuhlgängiges Haus zu finden, das sie mit ihrem Mann, 68, zu kaufen gedenke, wurde mir dieser Wahnsinn klar. Beide sind bei bester Gesundheit. Keine Anzeichen davon, dass je einer der beiden demnächst eine schwere körperliche Behinderung erleidet oder gar im Rollstuhl landet.

Menschen, die unter einer gewissen Zwanghaftigkeit leiden, haben es besonders schwer, sich auf das Leben, auf den Augenblick zu verlassen. Sie haben stets ein großes Bedürfnis, alles zu regeln, zu planen, zu ordnen, zu kontrollieren, alle Eventualitäten im Voraus miteinzukalkulieren. Da hilft vielleicht, zurückzuschauen und sich dabei die Frage zu stellen, ob der eigene Lebensplan derart schändlich und chaotisch verlief, dass nun ein guter Grund vorhanden ist, dem eigenständigen Lebensverlauf nicht mehr zu vertrauen, sondern alles selbst bestimmen zu wollen. Immer, wenn mich Zukunftsängste beuteln – es geschieht eher selten –, sage ich mir, schau zurück und zieh Bilanz. Die sieht dann ganz gut aus, jedenfalls muss ich sagen, der Regisseur meines Schicksals – oder wer da auch immer mitgespielt haben mag – machte seine Sache gut. Es gibt keinen Grund, misstrauisch zu werden. Das gilt übrigens auch, was die finanzielle Absicherung betrifft. Wie viele Menschen rechnen und vergessen dabei, sich der Gegenwart zuzuwenden und zu leben. Wie hoch wird meine Rente einst sein, wenn ich alt bin? Wird es wohl reichen? Was ist, wenn ich pflegebedürftig werde? Ich bin davon überzeugt, dass sich vieles gar nicht berechnen lässt. Ein jäher politischer Umsturz genügt, und alles ist anders. Ich habe in meiner beruflichen Laufbahn vor allem Menschen kennengelernt, die, obwohl oder gerade weil sie alles im Griff zu haben versuchten, ins Straucheln gekommen sind, weil eine plötzliche Veränderung ihre Planung durcheinanderbrachte. Es ist noch nicht lange her, da war die Swissair als Arbeitgeber ein Garant für ein vergoldetes Leben in der Pensionszeit. Ein jähes, völlig unerwartetes Ende des Unternehmens sorgte für blankes Entsetzen. Mitarbeiter wussten lange nicht, ob allenfalls ihre Ersparnisse, die sie auf der firmeninternen Bank deponiert hatten, auch noch in die Konkursmasse fließen würden. Wer alles kontrollieren und ordnen will, übersieht eben leicht die Zeichen, die sich außerhalb des Kontrollsystems zeigen.

Das Leben geht eigene Wege. Es lässt sich mit einer Reise vergleichen, bei der wir ein bestimmtes Ziel anpeilten und dann von äußeren Gegebenheiten gezwungen wurden, einen Umweg zu machen und dabei die Richtung zu ändern. Schließlich sind wir dort angekommen, wo wir eigentlich nicht hinwollten. Statt sich darüber zu grämen, könnten wir uns auch fragen, ob die Kurskorrektur nicht nötig war, um uns genau an den Ort hinzuführen, der uns entspricht und an dem wir eine Aufgabe zu erfüllen haben. Man muss nicht unbedingt von Vorsehung sprechen; aber ich bin davon überzeugt, dass jeder Lebensverlauf in sich sinnhaft ist. Manchmal allerdings ist es nicht ganz einfach, dem dahinterliegenden Sinn auf die Schliche zu kommen – vor allem in jüngeren Jahren. Aber gerade wenn wir älter geworden sind und zurückblicken können, wird uns vielleicht die eine oder andere durchaus schmerzliche Kurskorrektur plötzlich verständlich, mehr noch, wir erkennen, dass sie absolut zwingend war.

Es ist vor allem wichtig, in seinem eigenen Leben jene Spur zu finden, die uns in einen guten Selbstkontakt führt, damit wir alles, was in uns angelegt ist, zur Entfaltung und zur Blüte bringen können. In jungen Jahren sind wir noch ziemlich weit von uns selbst entfernt, wir haben Wünsche und Sehnsüchte, die aber letztlich nichts mit uns und unserem Selbstfindungsprozess zu tun haben, im Gegenteil, es sind oft Ausweichmanöver, um möglichst nicht mit sich selbst in Kontakt zu treten.

Als ich jung war, hatte ich, wie die meisten jungen Frauen, nur einen Wunsch: einen Partner zu finden – wenn möglich einen, der nicht am Hungertuch nagt und der mich über alles liebt, klar, mit den obligaten zwei bis drei zauberhaften Kinderlein. Bereits beim Aufschreiben dieses Wunsches ist es mir beinahe peinlich, so viel Oberflächlichkeit feststellen zu müssen. Daraus spricht die Vorstellung, das Leben sei ein Amüsierbetrieb, und es gäbe so etwas wie ein Grundrecht, existentiell umsorgt und rundum geliebt zu werden. Kein Wort über Eigenleistung, über Selbstverantwortung und die Bereitschaft, ebenfalls einen Einsatz leisten zu wollen – das klassische Prinzessinnensyndrom mit dem fordernden Wunsch, in zauberhaften Spitzenroben in der Sänfte durch den Alltag getragen zu werden. Im Rückblick stelle ich fest, dass diese weibliche Strategie durchaus aufzugehen schien. Irgendwann hatte ich einen Mann und Kinder. Nur mit dem Geliebtwerden wollte es nicht so richtig in die Gänge kommen. Im Nachhinein muss ich sagen: beidseitig. Wenn man mittendrin steckt, sieht man den eigenen Anteil nicht, so war es auch bei mir. Jedenfalls war meine Empörung grenzenlos, als ich zufällig feststellen musste, dass mein Mann eine jahrelange Affäre mit einer Freundin unterhielt. Diese Tatsache katapultierte mich mit einem Schlag aus meinem vermeintlichen Eheglück heraus, ich ließ mich scheiden und trat den mühsamen Weg in ein Dasein der Alleinerziehenden an, wie viele Frauen, mit größten finanziellen Sorgen. Das Wasser stand mir bis zum Hals, aber eines Nachts, in einer besonders bitteren Stunde, beschloss ich, aufzuhören zu klagen und zu jammern und andere für mein Unglück verantwortlich zu machen. Ich beschloss, jetzt lerne ich einfach selbst schwimmen, und mögen die Wellen noch so hoch sein, dann tauche ich eben unter ihnen durch.

Ich möchte keineswegs den Eindruck erwecken, das sei alles so einfach gewesen. Aber eines habe ich gelernt, mich mit Unbill zu befreunden und es dadurch in ein konstruktives Element des Lebens zu verwandeln. Heute bin ich dieser Freundin sehr dankbar, dass sie wesentlich dazu beigetragen hat, mich aus dem verschlafenen Dasein zu erlösen. Vor einiger Zeit hatte ich im Rahmen einer inneren Aufräumaktion das Bedürfnis, ihr zu schreiben und meinen Dank auszusprechen. Der Brief kam nicht gut an, sie reagierte ungehalten und keineswegs erfreut. Da habe ich noch etwas begriffen: Die meisten Belange, die nur mich selbst betreffen, sollte ich mit mir alleine erledigen. Ich hätte den Brief nicht abschicken müssen, hätte ihn sogar verbrennen können, Hauptsache, ich hatte die Sache für mich erledigt.

Anders verhält es sich, wenn es darum geht, sich für ein Verhalten oder eine Unterlassung zu entschuldigen. Aber ich denke, auch da sind keine großen Worte und Erklärungen angebracht. Denn immer, wenn wir einen Versuch machen, einen bestimmten Vorgang oder eine Verhaltensweise zu erklären, schwingt noch die leise Hoffnung auf Verständnis und Nachsicht mit. Darum geht es aber nicht. Ich kenne viele ältere Menschen, die sich zermürbende Gedanken darüber machen, als Eltern versagt zu haben, den Kindern nicht die Umsorgung und Liebe entgegengebracht zu haben, die sie wohl gebraucht hätten. In den meisten Fällen ließen sich derartige Unzulänglichkeiten sehr wohl durch äußere Faktoren erklären, etwa mit dem Hinweis, man sei eben selbst in einer sehr schwierigen Situation gewesen. Aber genau um diesen Erklärungsversuch geht es nicht, sondern nur um «es tut mir leid, ich bedaure», mehr nicht. Und erst dann, wenn die Gegenseite nach ausführlicheren Erklärungen verlangt, kann nachgelegt werden.

Mit allem, was wir erledigt haben, gewinnen wir ein neues Stück Freiheit. Die Vorstellung, dass Gedanken, die bearbeitet werden wollen und an unsere Türe klopfen, sich in Nichts auflösen, wenn wir sie nur lange genug abweisen, ist falsch.

Vom guten Einverständnis mit sich selbst

Einer der Hauptgründe, weshalb es so schwierig ist, sich neue Freiräume zu erschließen, ist zweifellos, dass wir oft nicht in der Lage sind, uns von schwerwiegenden Ärgernissen, Kränkungen, Demütigungen und Verletzungen zu verabschieden. Oft sitzen uns Gram und Groll unter der Haut und wollen sich trotz großer Willensanstrengung nicht aus dem Staub machen.

Dafür gibt es Gründe, die uns zu verstehen helfen, weshalb sich ein vermeintlich unverzeihliches Erlebnis wie eine Zecke in uns festgebissen hat. Gleichzeitig zeigt die Analyse auch, was zu tun ist, um sich von diesem Gefühl zu befreien.

Betrachten wir zuerst etwas, was viele Frauen erleben. Wir sind bis über beide Ohren verliebt, der Verstand wird kurzfristig ausgeschaltet, wir malen uns die Zukunft in den wunderschönsten Farben aus. Um diesem Gefühl Ausdruck zu verleihen und um eins zu sein mit dem Partner, wünschen wir uns ein Kind, gewissermaßen als Krönung unserer Liebe. Der Partner sieht es nicht unbedingt derart romantisch, er ist aber nicht abgeneigt und freut sich später durchaus über den Nachwuchs. Wenn alles gut geht, geht alles gut. Aber wie wir wissen, jede zweite Ehe wird geschieden, das heißt, die Möglichkeit steht 50 zu 50, dass wir uns irgendwann als Alleinerziehende wiederfinden. Wohl keine Frau wünscht sich, irgendwann allein für die Betreuung des Kindes zuständig sein und zusätzlich noch den fehlenden Vater ersetzen zu müssen. Zwar gibt es viele Bespiele, da einigen sich die Eltern und übernehmen auch nach einer Trennung oder

Scheidung in gemeinsamem Einverständnis die Verantwortung für das Kind, und der Mann kommt seinen finanziellen Verpflichtungen klaglos nach. Oft aber verhält es sich anders.

Sieht sich die Frau jedoch nach einer Scheidung plötzlich mit alleiniger Verantwortung für das Kind, fühlt sie sich nicht nur allein, sondern auch gehörig im Stich gelassen. Und damit landet sie in der Opferrolle. Daniela klagt, «dieser Kerl hat mich einfach mit der ganzen Scheiße im Stich gelassen, er kümmert sich nicht, zahlt nicht oder nur, wenn es ihm gerade passt.» Als sie dann noch erfährt, dass er die neue Freundin geschwängert hat und diese auch noch zu heiraten beabsichtigt, ist Daniela außer sich vor Wut. Sie fühlte sich so richtig übers Ohr gehauen, betrogen und hinters Licht geführt. Dass sie nun, da der ehemalige Partner und Vater ihres Kindes eine Familie gründet, weder mit seiner finanziellen Unterstützung noch mit Hilfe bei der Kinderbetreuung rechnen kann, ist ihr sofort klar.

Wer selbst noch nie in einer solchen Situation war, wird nun argumentieren, dass es in schwerwiegenden Fällen schließlich eine staatliche Sozialhilfe gebe. Der Gang zur Behörde wird aber oftmals nicht als rein bürokratische Angelegenheit, sondern als Demütigung von ganz besonderer Qualität erlebt. Plötzlich in der Rolle einer Bittstellerin zu landen, ist eine nur schwer verdaubare Kränkung. Derartige Erfahrungen, die sich ja nicht nur in Einzelfällen abspielen, sondern schon eher zu den klassischen Erfahrungen von Alleinerziehenden gehören, haben schwerwiegende Folgen. Die Demütigung ist nicht zeitlich begrenzt, sondern hält oft zehn, fünfzehn Jahre an, so lange eben, bis das Kind erwachsen ist, in einigen Fällen noch länger.

Die andauernde seelische Verletzung sorgt dafür, dass die Betroffenen in eine für Außenstehende schwer nachvollziehbare Dauer(an)klagehaltung verfallen, die sich nicht nur an den Ex, sondern gleichzeitig an die ganze Gesellschaft richtet. Es ist die typische Opferrolle, verbittert, gleichzeitig aber auch mit der Forderung auftretend, es sei schließlich Aufgabe der Gesellschaft, sie aus der misslichen Situation zu befreien.

Wer in der Opferrolle angekommen ist, hat schlechte Karten. Vor allem, was die Beziehung zu andern Menschen betrifft. Das Netz befreundeter Personen lichtet sich, denn sich stets als Daueropfer inszenierende Frauen nerven. Wenn man die leidvolle Geschichte mit dem anklagenden, bitteren Unterton und garniert mit Rachegefühlen dreimal gehört hat, möchte man sich der Dauerlarmoyanz nicht mehr aussetzen. Wenn Opferfrauen nicht in der Lage sind, sich selbst aus dem Schlamassel herauszuarbeiten, werden sie binnen kurzem nicht nur den Exmann, sondern gleich auch die ganze Menschheit für einen Ausbund an Schlechtigkeit halten.

Der erste, dringend nötige Schritt, um aus diesem Dilemma herauszukommen, besteht darin, sich nicht länger als Opfer zu definieren. Gerade im Rückblick sollte es möglich sein, im Sinne der Wahrhaftigkeit auch die eigenen Anteile zu betrachten, die dazu geführt haben, dass die Partnerbeziehung scheiterte. Wenn Frauen in ihrem romantischen Vorstellungsraum wünschen, rundum geliebt und versorgt zu werden, dann fehlt hier der Anteil der Selbstverantwortung und der eigenen Leistung. Sich geliebt fühlen ist schön und sollte als Geschenk verstanden werden. Dies aber einzufordern, ohne einen eigenen Beitrag dazu zu leisten, ist ein Verhalten, das ins Kleinkindalter gehört. Es kann nicht darum gehen, sich im Nachhinein einer Schuld zu bezichtigen, sondern nur darum, das eigene Verhalten zu sehen und miteinzubeziehen. Denn in dem Moment, wo es uns gelingt, die eigenen Anteile zu sehen und diese auch selbstverantwortlich zu verorten, werfen wir die schäbige Opferrobe ab und steigen als erwachsene Frauen wie Phönix aus der Asche. Leila, 78, schmollte lange, war voller Vorwürfe an ihren Exmann, dann aber gelang es ihr, ihren eigenen Anteil zu sehen. «Es hat wahrlich lange gedauert, bis ich so weit war. Ich habe immer wieder über mein Verhalten nachgedacht, irgendwann entdeckte ich, wie ich während meiner Ehejahre versuchte, meinen Mann umzuerziehen, und zwar so, wie ich mir es vorgestellt hatte. Da er eher ein ruhiger Mensch ist, hat er auch lange mitgemacht. Irgendwann aber verliebte er sich in eine andere – wahrscheinlich liebte diese Frau ihn so, wie er ist. Nachdem ich dies erkannt hatte und es mir irgendwie auch leid tat, dass ich ihn nicht so lieben konnte, wie er nun mal ist, fiel der alte Gram, der mich während Jahrzehnten gequält hatte, von mir ab. Irgendwann habe ich mir gesagt, Schluss jetzt, ich nehme mein Leben selbst in die Hand. Dabei habe ich mich auch vom geheimen Wunsch verabschiedet, dass doch noch jemand kommt und mein Leben regelt. Und siehe da, mit dieser Einstellung änderte sich mein Lebensgefühl.»

Ich habe hier bewusst jene Variante beschrieben, die viele kränkende Aspekte beinhaltet. Nicht alle Alleinerziehenden erleben das gesamte Kränkungsprogramm in dieser Härte, aber wenn auch nur der eine oder andere Bereich betroffen ist, kann uns das in eine nie enden wollende Leidensgeschichte hineinziehen.

Wenn wir von anderen gekränkt, betrogen, hintergangen oder im Stich gelassen werden, gibt es immerhin noch einen Spielraum, sich gezielt mit einer bestimmten Person und mit dem eigenen Anteil am Geschehenen auseinanderzusetzen und sich auf diese Weise zu entlasten. Um einiges schwieriger wird es, wenn wir Opfer eines Systems werden, denken wir beispielsweise an Enteignung, an Zwangsmaßnahmen durch staatliche Einrichtungen, an Entscheidungen auf behördlichem Weg. Nicht immer bewahren die demokratischen Grundrechte den Unschuldigen bzw. denjenigen, der sich dafür hält, vor den Mühlen der Justiz oder der Finanzbehörden. Und oft genug hinterlässt eine derartige Erfahrung tiefe seelische Wunden. Wenn wir in späteren Jahren noch immer darunter leiden, weil wir die Erinnerung daran nicht loswerden, obwohl wir uns sehr darum bemühen, sollten wir vielleicht die folgenden seelischen Gesetzmäßigkeiten in unsere Überlegungen mit einbeziehen.

Erinnerte Bilder bleiben in uns so lange lebendig, als sie nicht gründlich verstanden und die daran geknüpften Emotionen nicht aus der Erstarrung gelöst worden sind. Erst wenn eine Bearbeitung stattgefunden hat, gibt es keinen Grund mehr, schmerzliche Ereignisse länger in unserem Gedächtnis aufzubewahren. Deshalb schlage ich vor, den gesamten Vorgang mit sämtlichen Details entweder aufzuschreiben oder jemandem zu erzählen. Dabei ist Schreiben sehr viel wirksamer, da mit jedem Wort der gesamte Ablauf nochmals behutsam und in Zeitlupe gefiltert, beschrieben und nachempfunden werden muss. Darauf zu achten ist, dass vor allem auch jene Gefühlsaspekte und emotionalen Momente Berücksichtigung finden, die sich als unangenehm oder gar schmerzlich melden. Es kann durchaus sein, dass sich nochmals Wut, Trauer und Schmerz einstellen; umso besser, so kann alles aus sich heraus niedergeschrieben werden. Wenn wir den Text noch einer uns vertrauten Person vorlesen, erhält das Erleben so etwas wie eine weitere Verarbeitung und einen zusätzlichen Säuberungsvorgang. So ist dieser Ablauf eigentlich eine Bereinigung und Aufarbeitung der liegengebliebenen Gefühle.

Ganz anders verhält es sich, wenn wir entweder selbst an Leib und Leben Gewalt erfahren haben, vielleicht mit bleibendem Schaden, oder einen unserer Nächsten zu betrauern haben. Da ist es wahrhaftig nicht leicht, sich von dem Gedanken zu verabschieden, dass einem Unrecht widerfahren ist und dass der Schaden niemals mehr wiedergutgemacht werden kann. Es liegt mir fern, wohlfeile Ratschläge zu erteilen, wie damit umzugehen sei.

Denn ich bin mir im Klaren, dass derartige Vorfälle oft ein ganzes Leben überschatten, was auch heißt, dass man sich zeitlebens damit auseinandersetzen muss. Dennoch möchte ich auf eine Grundannahme hinweisen, die sich als besonders hinderlich auswirkt und es schier unmöglich macht, sich mit dem eigenen inneren Entwicklungsweg anzufreunden. Solange wir darauf beharren, unverschuldet Opfer geworden zu sein, bleiben wir in einer passiven, leidenden Haltung. Die Gefahr besteht, dass sich diese Haltung auf die gesamte Lebensführung überträgt und die Betroffenen sich grundsätzlich in einer duldenden Rolle verstehen, in der alles, was einem zustößt, hinzunehmen ist. Diese Haltung beeinflusst unser ganzes Dasein und verwehrt uns den Zugang zu jenen Lebensbereichen, in die wir durchaus selbstbestimmend eingreifen könnten. Deshalb geht es vor allem darum, Handlungsspielraum zurückzuerobern, der uns als selbstverantwortlich Handelnde zur Verfügung steht. Wenn es uns gelingt, in unserem Innern jene Bereiche ausfindig zu machen, wo wir die Möglichkeit haben, selbstbestimmend in unser Leben einzugreifen und trotz aller widrigen Umstände unser Leben selbst zu beeinflussen, ist das ein wichtiger erster Schritt, um sich nicht mehr umfassend als Opfer zu begreifen und ausgeliefert zu fühlen.

Zudem helfen auch Berichte von Menschen, die unfassbares Leid zu verarbeiten haben und die erzählen, wie sie lernten, allmählich wieder Teile ihres Lebens zurückzuerobern, und wie sich dadurch eine neue Akzeptanz des Geschehenen einstellte.

Wer religiös orientiert ist, hat es diesbezüglich vielleicht etwas einfacher. Wer das Vaterunser betet, trifft auf die Stelle: «Vergib uns unsere Schuld, wie auch wir vergeben unseren Schuldigern.» Dies ist eine beachtenswerte, beinahe pädagogisch zu nennende Hinführung zu sich selbst, zu seinem eigenen Unvermögen, seinen problematischen Handlungen und Unterlassungen. Mit der

Bitte, uns zu vergeben, ist die Bereitschaft verbunden, sich der eigenen Verantwortung zu stellen. Die Vergebung wird daran gekoppelt, dass wir Vergebung in unser Handlungskonzept übernehmen und das, was wir an Vergebung erhalten, auch anderen weitergeben.

In der psychotherapeutischen Arbeit lässt sich dieser Vorgang sehr eindrucksvoll beobachten. Es ist eine wichtige Vorarbeit, um den Prozess der Versöhnung und des Verzeihens einzuleiten. Versöhnung geschieht dann, wenn wir in der Lage sind, uns mit unseren Lebensverhältnissen – wie auch immer sie sich gestalten – auszusöhnen, das heißt, immer mehr Abstand zu Hader und Bitterkeit zu gewinnen. Es ist ein allmähliches Anfreunden mit sich selbst und all dem, was einem zugestoßen ist. Ein freundschaftliches Verhältnis zu sich selbst wirkt sich derart günstig auf unsere Lebensqualität und Befindlichkeit aus, dass sich zunächst eine große und tiefempfundene Dankbarkeit einstellt – Dankbarkeit dafür, dass ich bin.

Vom Wunder, dass ich bin

Wenn wir versuchen, die einzelnen Abschnitte unserer eigenen Lebensgeschichte zu einem Bild zusammenzufügen, kann es sein, dass wir uns vor allem an jene Erlebnisse erinnern, die wir als besonders schwierig oder gar herausfordernd erlebten. So wichtig dies auch ist, sollten wir nicht vernachlässigen, was gerade schwierig zu überwindende Hürden an Potential in uns wachgerufen haben. Es ist durchaus hilfreich, sich Belastendes wieder ins Bewusstsein zu rufen, aber um es zu bearbeiten und sich schließlich davon zu verabschieden. Zum Leben als Gesamtbild gehört das positive Gegenstück dazu, also alles, was uns in einem besonderen Ausmaß erfreute und beglückte. Es lohnt sich deshalb, sich selbst gezielte Fragen zu stellen, um die als gut und schön erinnerten Erfahrungen in der Rückschau ins Blickfeld zu rücken.

Verena Kast regt in ihrem Buch *Freude, Inspiration, Hoffnung* dazu an, eine Freudenbiografie zu erstellen: «Wer sich an Oasen der Freude erinnern kann, wird leichter vertrauen, dass Dunkelheit ein Ende haben und sich erhellen kann.» In unserem Frauenseminar gehört es zur «Basisausrüstung», gezielt jene Freudenorte aufzusuchen, die wir in unserem Leben bereits betreten haben. Schon die Erinnerung bringt jene wohltuenden Emotionen in Bewegung – gelegentlich gar in Schwung –, die damit verbunden waren. Wer sich freut, öffnet sich der Welt, weitet sein Herz. Der Impuls, Freude auch anderen mitzuteilen, andere daran teilnehmen zu lassen, kommt auch sprachlich deutlich zum Ausdruck: «Ich muss es unbedingt erzählen – auch wenn es jetzt nicht ganz passend sein sollte»; «ich möchte die ganze Welt umarmen»; «ich will meine Freude in die Welt hinausposaunen». Wer in freudigen Gefühlen badet, wird großzügig, freigebig, ist risikofreudig, vertraut sich und anderen, spendet gerne und ist sofort bereit, andere zu unterstützen. Wir fühlen uns reich und erfüllt und geben gerne ab. Es ist das Gegenteil jener Befindlichkeit, sich grundsätzlich auf der Schattenseite des Lebens zu vermuten. Dann verwalten wir den eigenen Mangel, kreisen darum herum, als ob wir die eigene Dürftigkeit wie einen Augapfel beschützen und bewahren müssten. Wir beobachten unser Umfeld misstrauisch und argwöhnisch, rechnen stets damit, wieder übers Ohr gehauen, von anderen schamlos ausgenutzt zu werden, wir sind in allem, was wir erleben, in negativen Voraussagen befangen. Die einzige Freude besteht darin, dass sich unsere düsteren Prophezeiungen erfüllen. Diese Haltung befördert uns ins Land der Miesmacherinnen, der ewigen Nörglerinnen, Meckertanten und Querulantinnen, denen es nur noch darum geht,

Bestätigung für die elende Beurteilung der gesamten Menschheit zu finden.

Die Alternative heißt umdenken und sich selbst aus der Negativspirale herausziehen. Dabei kann uns die Beobachtung hilfreich sein; denn selbst dann, wenn der Lebensweg mit unförmigen und sperrigen Steinen gepflastert war, gab und gibt es immer und überall Nischen, zuweilen auch winzige, die eine ganz andere Geschichte erzählen. So, wie sich auf unwegsamen, staubigen Pfaden plötzlich ein winziges Pflänzlein gen Himmel reckt, das unbekümmert um die widrigen Umstände zur Blüte werden will, so können wir in unserer Lebensgeschichte immer wieder aufkeimende, lebenszugewandte Impulse entdecken. Vielleicht müssen wir gar nicht lange suchen, um in unserer Biografie jene zunächst als unbeträchtlich eingestuften Erfahrungen zu finden, die sich erst bei näherem Hinsehen als freudiges Ereignis erkennen lassen.

Wer sich auf die Reise macht, um den eigenen Freudenoasen nachzuspüren, darüber zu sprechen oder zu schreiben, wird sofort von der günstigen Wirkung profitieren. Es ist, als wenn sich die damals empfundenen vitalisierenden Emotionen nochmals einstellen und wie ein sprudelnder Quell in jede Zelle einströmen würden. Es ist, als hätten wir Flügel bekommen und könnten uns über all das erdenschwere Elend erheben.

Gleichzeitig machen wir eine der wichtigsten Erfahrungen – dass wir unsere Stimmung dadurch, woran wir denken, worüber wir sprechen und schreiben, entscheidend beeinflussen. Auch die Vorstellung, es müsse sich um eine weltbewegende Angelegenheit handeln, die uns in freudige Schwingungen zu versetzen vermöchte, wird rasch korrigiert. Es sind oft winzige Begebenheiten, die in uns freudige Gefühle auslösen. Vielleicht erinnern wir uns an jenen frühen Morgen im Mai, als wir um fünf Uhr zu einer Wanderung aufbrachen und von Glücksgefühlen durchdrungen waren, weil wir noch nie einen so frisch geputzten, glockenreinen Himmel über uns gesehen und noch nie eine derart kristallklare Luft eingeatmet hatten. Oder wir erinnern uns an die erste winzige Dachwohnung mit notdürftig zusammengeschusterten Möbeln, wo wir uns wie eine Königin in einem Palast wähnten. Wer einmal nach den Freudenoasen zu fahnden beginnt, wird fündig und wird sich vor allem wundern, wie viele freudige Momente uns durchs Leben begleitet haben. Ja, es könnte sogar sein, dass wir sagen: Mein Lebensweg war mit Glückssteinen ausgelegt, gelegentlich drängten sich Unkrautbüschel dazwischen, aber nie gelang es ihnen, den gesamten Pfad zu überwuchern.

Während wir in schwierigen Lebenssituationen dazu aufgefordert sind, unsere sämtlichen, vielleicht vor sich hindösenden Fähigkeiten zu aktivieren und in Bewegung zu setzen, uns also auf die besten Überlebensstrategien zu besinnen, geht es in der Freudebiografie darum, erlebtes Freudekapital zu sichern. So können wir auch noch jenen Teil zu unserer Biografie hinzufügen, der dafür verantwortlich war, dass wir immer wieder neu Mut und Hoffnung fassten, wenn es in unserem Leben eher düster aussah. Die Freudebiografie bringt uns mit jenen Emotionen in Kontakt, die uns vitalisierten und uns dazu befähigten, hoffnungsfroh und beschwingt unser Leben anzupacken.

Beim Nachdenken über unser Leben entdecken wir sicher auch Ereignisse und Wendepunkte, die wir nicht bewusst angesteuert hatten. Der eingeschlagene Lebensweg führte plötzlich und ohne willentliches Eingreifen ungeplant in eine völlig andere Richtung. Vielleicht gehen wir sogar noch einen Schritt weiter und stellen uns die Frage: «Wo und wie ist in meinem Leben ein Wunder geschehen?» Das mag etwas naiv wirken, und es kann sein, dass wir zunächst überhaupt keine Lust verspüren, uns damit auseinanderzusetzen. Aber während wir noch über diese unpassende Frage nachdenken oder uns darüber ärgern, nagen die Hirnzellen bereits daran herum, laufen wie streunende Hunde durch die Räume der Vergangenheit und schnuppern nach kuriosen Ereignissen, nach Mirakeln und Unerklärbarem. Es kann sein, dass sie rasch etwas finden, was sich wie ein kleines Wunder anfühlt, es kann aber auch sein, dass es noch mehr Zeit braucht. Denn sich im Ernst auf diese Frage einzulassen, setzt voraus, dass es außer uns selbst noch eine Kraft gibt, die Einfluss auf unser Leben ausübt.

Es kann sein, dass wir uns lediglich daran erinnern, einmal bei einer Lotterie gewonnen zu haben. Aber für Lola, 84, geht die Erinnerung in eine ganz andere Richtung. Sie erinnert sich unverzüglich daran, dass sie anlässlich eines Dorffestes ein Fahrrad gewonnen hatte: «Ich konnte es nicht glauben, ein eigenes Fahrrad, ich war damals zwölf und quälte mich stets mit dem für mich unbequemen Herrenfahrrad meines Bruders ab. Und nun! Es war für mich wie ein Wunder. Ich sehe das Rad noch heute vor mir: dunkelgrün, mit glänzender Lenkstange, hinter dem Sattel baumelte ein winziges schwarzes Täschchen.» Lola dachte längere Zeit, dass dies wohl das einzige Wunder in ihrem Leben gewesen sei. Nachdem sie sich nochmals in einigen schlaflosen Nächten damit beschäftigt hatte, fielen ihr noch andere Ereignisse ein, die sie alle aufzulisten begann. «Wenn das so weitergeht, muss ich über hundert Jahre alt werden, um alle Wunder auszugraben.» Irgendwann stellte sie fest, «das größte Wunder, das mir widerfuhr, war nicht der Lotteriegewinn, sondern meine Ehe. Freiwillig hätte ich meinen Mann nicht gewählt. Wir wohnten im selben Dorf und ich hatte gar keine Auswahl. Max war ein eigenwilliges Bürschchen. Früh gezeichnet durch eine kümmerliche, freudlose Jugend. Und so lebte er auch. Kümmerlich und freudlos. Ich wäre wahrscheinlich einfach eingegangen, wie eine Blume, die kein Wasser mehr bekommt. Aber eines Tages bin ich am Morgen aufgestanden und habe mir gesagt: ‹Ich mache etwas aus meinem Leben.› Jawohl. Ich wusste noch nicht, was, aber ich war mir sicher, dass ich etwas unternehmen werde. Ich sagte zu Max: ‹Die Eiszeit ist vorbei. Entweder gehe ich mit dir oder ohne dich.› Ich werde sein Gesicht nie mehr vergessen, mit entsetzten aufgerissenen Augen schaute er mich an, fand aber keine Worte, da dachte ich, nein, ich lasse ihn nicht zurück, ich nehme ihn mit auf meine Reise. Aber in diesem Moment war mir auch klar, dass ich mich in meinem zukünftigen Leben mit Menschen beschäftigen werde, die sprachlos sind – oder es geworden sind. Es folgte eine lange Zeit der Ausbildung, zuerst Lehre im Pflegeberuf, dann Spezialisierung in der Psychiatrie (damals war das alles noch möglich!), logotherapeutische Ausbildung. Dazwischen drei Kinder. Max treu an meiner Seite, wortlos zwar, karg wie eh und je, aber tatkräftig mich unterstützend. Damals begann es mir allmählich zu dämmern, dass es Menschen gibt, die sich durch ihre Taten mitzuteilen versuchen. Die sprachlichen Fähigkeiten wurden früh erstickt und es bedarf einer Eselsgeduld, um sie wiederzubeleben. So führte ich trotz allem ein zutiefst erfülltes Leben, beruflich und familiär. Und oft denke ich dankbar, was für eine wohlweise Hand mich mit Max zusammengeführt hat.»

Die Wunder liegen meist nicht offensichtlich vor einem, manchmal muss man suchen, nachforschen, recherchieren, woher ein maßgeblicher Impuls kam. Das Aufspüren von Wundern bringt eine interessante Erkenntnis, die wir auch von Märchen kennen. Dort müssen oft schwierige Hindernisse überwunden und schier unlösbare Rätsel gelöst werden, um ans Ziel zu kommen. Bei genauem Hinschauen sind die Wunder nicht selten in Aufgabenstellungen verpackt, die, wenn wir sie angehen und lösen, zu einem zunächst unbekannten Ziel führen, das sich schließlich als das genau richtige entpuppt.

Bei dieser Art der erinnerten Auseinandersetzung mit den

eigenen Erfahrungen geraten vielleicht auch jene Ereignisse an die Oberfläche, die uns auch nach vielen Jahren noch das Blut in den Adern stocken lassen, angesichts der äußerst gefahrvollen Situation, in der wir damals steckten. Aber gerade noch im letzten Moment – wie durch ein Wunder und von Geisterhand – wurde das Schlimmste von uns abgewendet.

Oder die Zeitung, die wir nie lesen, weil wir sie blöd finden, aber ausgerechnet an diesem Tag nehmen wir sie zur Hand, blättern darin und entdecken genau das alte renovationsbedürftige Haus, das wir uns leisten können und nach dem wir seit Jahren vergeblich gesucht haben. Wer hat mir die Zeitung vor die Nase gelegt und zugeflüstert: «Blättere darin»?

Oder Marion, 69, und ihr Wunder der Sterbeverzögerung. «Als meine Mutter an Krebs erkrankte und der Arzt mir mitteilte, dass es sich nur noch um wenige Wochen handeln könne, holte ich meine Mutter aus dem Krankenhaus, um sie zuhause zu pflegen. Mein Lebenspartner war damit nicht einverstanden, denn ich ließ ihn allein in Spanien zurück. Auch wollten wir noch heiraten, das musste nun verschoben werden. Rico rief mich täglich an, um zu erfahren, ob die Mutter schon gestorben sei. Das alles brachte mich in eine zwiespältige Situation. Sollte ich hoffen, dass meine Mutter so bald als möglich sterbe, damit ich zu Rico zurückkehren kann? Zudem ging es meiner Mutter eigentlich ganz gut, ich pflegte sie, und mit zunehmender Besserung konnten wir sogar kleine Spaziergänge miteinander unternehmen. Rico wurde immer ungehaltener. ‹Wann›, bedrängte er mich, ‹kommst du nun endlich wieder?› Die Spaziergänge mit meiner Mutter wurden immer etwas länger und der Zoff mit Rico stets etwas heftiger. Nach zwei Monaten ging es meiner Mutter so gut, dass wir auch eine kleine Schifffahrt unternehmen konnten, irgendwie blühte sie richtig auf. Rico blieb mir dicht auf den Fersen, stets aus dem Hinterhalt drohend. Als meine Mutter nach drei Monaten immer noch munter war, stellte er mir das Ultimatum, entweder sofort zurückzukehren oder es ist aus, ‹und auch die Hochzeit kannst du dir abschminken›. Das war ein schwerer Schock, denn mit der Hochzeit hätte sich auch meine prekäre Rentensituation etwas aufgebessert. Aber meine Mutter jetzt einfach im Stich lassen, das kam nicht in Frage. Rico wütete noch zwei Monate weiter. Dann gab er mir den Laufpass. Ich war zutiefst getroffen. Vier Wochen später starb meine Mutter. Aber es wäre mir nicht möglich gewesen, zu Rico zurückzugehen und zu sagen: ‹Hallo, da bin ich wieder.› Sein Verhalten mir und meiner Mutter gegenüber haben ihn mir in einer Weise gezeigt, die ich zutiefst verabscheute. Hinterher erfuhr ich, Rico war hochverschuldet, mit der Heirat hätte ich auch noch seine Schuldenlast übernommen, es wäre mein Ruin gewesen. Es war wie ein Wunder, dass meine Mutter noch über ein halbes Jahr am Leben blieb, so lange, bis sich diese für mich katastrophale Verbindung gelöst hatte. Da habe ich zum ersten Mal daran gedacht, ob da mein Schutzengel wohl die Finger mit im Spiel gehabt hat.»

Viele Menschen unterhalten eine intensive Beziehung mit ihrem Schutzengel. Sie spüren, dass es um sie herum eine Kraft gibt, die sie stets behütet und beschützt. «Nein», widerspricht Franziska, 81, einst Chefredakteurin einer Frauenzeitschrift, ‹mein Schutzengel› war mein virtueller Coach. Ich imaginierte ihn als weisen alten Mann, der gelegentlich auch als Frau in meinen Vorstellungen auftauchte. Ich besprach alles mit dieser Figur. Und sie ließ mich nie im Stich, ich stellte Fragen, sie antwortete mir prompt. Einmal war ich in einer schwierigen personellen Auseinandersetzung festgefahren. Ich hatte gerade herausgefunden, dass meine engste Mitarbeiterin und Vertraute immer wieder versuchte, mich wegen meines Alters – damals 61 – bei den Angestellten lächerlich zu machen, aber ich wollte großzügig über die Angelegenheit hinweggehen. Ein Gespräch mit Ruth, bei dem sie zwar alles abstritt, gleichzeitig aber mehr Zurückhaltung und Besserung versprach, beruhigte mich. Ich wähnte mich wieder auf der sicheren Seite, hinzu kam, dass ich mit dieser Mitarbeiterin auch noch privat Kontakt hatte. Aber mein Schutzengel-Coach ließ mir keine Ruhe. Er weckte mich nachts auf und ließ mich nicht wieder einschlafen. ‹Gut›, sagte ich nach einer schlaflosen Nacht, ‹was soll ich denn tun?› Die Antwort kam unmissverständlich und wie aus der Pistole geschossen: ‹Auf der Stelle die Kündigung aussprechen!› Genau das wollte ich nicht, schließlich war Ruth in der Redaktion eine wichtige Kraft. Ich wand mich um die Entscheidung herum. Dann schickte mir mein Schutzengel eine ehemalige Mitarbeiterin vorbei, die mir unbedingt etwas sagen wollte. Sie brachte mir den Ausdruck eines Mailverkehrs mit, der von Ruth stammte und in dem schwarz auf weiß zu lesen war, wie sie mich aufs Ärgste verunglimpfte. Da kündigte ich ihr. Und mein Schutzengel freute sich: ‹Ich habe es dir ja gesagt.›»

Die Vorstellung, von einem Schutzengel begleitet zu werden, ist für viele derart naiv, dass sie lieber davon Abstand nehmen. Man kann aber die Figur des Engels einfach umbesetzen und ihn im Unbewussten, im Bereich des Gewissens, ansiedeln. Vieles, was wir tun sollten, ist bereits in unserm Unbewussten programmiert, aber wir sind noch nicht so weit, die Information zu verstehen. Wir kennen wohl alle das Gefühl, dass wir eine Entscheidung getroffen haben, die sich nicht ganz richtig anfühlt. Wir fühlen uns damit nicht wohl in unserer Haut, es ist nicht stimmig. Das sind nützliche Hinweise aus unbewussten Regionen, nochmals darüber nachzudenken und eventuell noch eine Korrektur anzubringen.

Entwicklung bis zum letzten Atemzug

Was auch immer uns zugestoßen ist, leben heißt, einen Entwicklungs- und Reifungsprozess durchzumachen, der so lange dauert wie das Leben selbst – bis zum letzten Atemzug. Ein wenig gleicht es einem Trainingslager, in dem ganz bestimmte Lektionen zu absolvieren sind, um sich mit gesammelter Kraft den herausfordernden Aufgaben zu stellen.

Eigenartigerweise gehen viele Menschen davon aus, dass Entwicklung und Herausforderungen irgendwann ein Ende haben. Dann ist Schluss, irgendwann ist einfach alles erledigt. Da wir in unserer westlichen Gesellschaft eine Altersgrenze für Arbeitnehmende festgesetzt haben, hat sich eine unheilvolle Vorstellung wie eine epidemische Krankheit verbreitet: Mit 64 oder 65 Jahren tritt der Ruhestand ein. Was für ein Unwort! Wie muss sich das anfühlen, wenn man sich im Vollbesitz seiner geistigen Kräfte erlebt und plötzlich den «Griffel» niederlegen soll! Dieser Angriff auf die Menschenwürde wirkt bei einigen wie eine Narkose, man gibt sich dem Prozess der Vergärung hin, hört auf, eigenständig zu denken, lässt sein gesamtes Erfahrungspotential verrotten. Hin und wieder gönnt man sich vielleicht noch etwas, eine Vergnügungsreise etwa, und schreibt dann Ansichtskarten an die Kinder: «Hallo, Opa und Oma grüßen von der Kreuzfahrt, liebe Grüße.» Wenn das Leben auf die Größe einer Postkarte zusammenschrumpft, muss man sich fragen, wie die folgenden zwei bis drei Jahrzehnte über die Runden gebracht werden könnten. Jedenfalls sollte man sich nicht wundern, wenn das Interesse am Weltgeschehen allmählich erlischt und damit auch die Denkprozesse langsam wie Sand in der Wüste verwehen, sich allenfalls vielleicht noch zu der einen oder anderen unkenntlichen Form erheben.

Deshalb ist es gut, wenn wir mit uns selbst einen Vertrag schließen, etwa folgenden Inhalts: Sei dir als denkender Mensch der Verantwortung bewusst, dir selbst die Treue zu halten, deinen Aufgaben bis zum letzten Atemzug zu folgen und so das Leben zu würdigen, ja, womöglich zu loben und zu preisen. Das ist das Gegenteil davon, sich selbst auf dem Misthaufen zu kompostieren. Obwohl die Frage, wie diese Würdigung konkret zu erreichen ist, individuelle Antworten verlangt, möchte ich hier einige Vorschläge machen. Eine gute Grundlage ist beispielsweise Dankbarkeit. Da sind die nächsten Mitmenschen, Kinder, Enkelkinder, Freunde, die Kinder der Freunde usw., die heranwachsen und versuchen ihr Leben zu gestalten. Sich mit ihnen zu beschäftigen ist weiß Gott interessanter, als vor sich hinzudösen oder als sich von einem Krimi nach dem anderen berieseln zu lassen. Wer an der Welt, an der Gesellschaft kein Interesse mehr zeigt, hat sich selbst bereits abgeschrieben und wartet nur noch auf den letzten traurigen Akt, auf das allmähliche Erlöschen der immer schwächer flackernden Kerze.

Natürlich ist der Einwand ernst zu nehmen, dass viele Menschen im Alter aus gesundheitlichen Gründen gar nicht mehr als Denkende unterwegs sein können. Die Tatsache, dass es Demenzkranke gibt, denen die Möglichkeit zur Reflexion nicht mehr zur Verfügung steht, muss aber keineswegs bedeuten, die ältere Generation grundsätzlich gesamthaft aufs Krankenlager zu verweisen. Liegt nicht die große Gefahr gerade darin, sich selbst viel zu früh abzuschreiben und sich einen Rollator in der Garage bereitzustellen? Ohne diejenigen ausblenden zu wollen, die tatsächlich erkrankt sind, ist der überwiegende Teil der älteren Menschen sowohl körperlich als auch geistig in einer bemerkenswert guten und vitalen Verfassung.

Es gibt zahlreiche Beispiele dafür, wie Menschen bis ins hohe Alter ihr reiches Erfahrungskapital nutzen, an Projekten mitarbeiten, beratende oder direkte Funktionen übernehmen. Kürzlich hat mir eine Redakteurin, die mit 82 noch den Aufbau eines Magazins übernommen hat, gesagt: Die Arbeit trägt mich. Ja, so ist es, wer sich leidenschaftlich einer Arbeit verschreibt, wird erleben, wie sich dieses Engagement als tragfähige Basis für das eigene Dasein auswirkt. Hat man diesen Zusammenhang einmal begriffen, ist es einfach unmöglich, die Hände in den Schoß zu legen und zu warten bis es Abend wird und das Licht ausgeht. Dann setzen wir alles daran, um weiterhin mit Begeisterung und Leidenschaft alles zu unternehmen, um das, was wir empfangen durften, zurückzugeben.

Als ich diese Gedanken in einem Vortrag vorbrachte, sorgten sie bei einer Besucherin für großen Unmut. In der Diskussion fragte sie mich sehr aufgebracht: «Wie, bitteschön, soll das denn gehen? Klar, Sie haben gut reden, sitzen an Ihrem Schreibtisch und schreiben Bücher! Ich aber habe über Jahrzehnte geschuftet, bin müde und ausgebrannt und nun soll ich auch noch in Projekten mitarbeiten. Irgendwann muss ja mal genug sein – oder?» Ja, einverstanden, irgendwann muss mal genug sein, nur der Zeitpunkt dafür läuft nicht mit dem Ende der Berufstätigkeit synchron. Wer sein ganzes Leben körperlich hart gearbeitet hat, muss sich ja nicht unbedingt hinter dem Haus noch einen Kartoffelacker anlegen! Die körperliche Herausforderung war vielleicht auch ein Schonprogramm für die eigene Denkarbeit. Vielleicht warten zahllose noch unverbrauchte Hirnzellen nur darauf, endlich aus dem Dornröschenschlaf zu erwachen. Übrigens lässt sich Denken auch ganz gut sitzend oder liegend erledigen.

Wenn wir uns dem Älterwerden freundschaftlich zuwenden, könnte es sein, dass wir von einer tiefen inneren Ahnung beglückt werden. Vielleicht verspüren wir in den späteren Jahren beim Anblick der dahinziehenden Wolken so etwas wie ein Sehnen, mitwandern zu wollen, wohin auch immer. Vielleicht in eine andere unbekannte Daseinsform, die wir irgendwie erahnen, ohne festes Wissen, ohne Beweis und dennoch mit unverbrüchlicher Gewissheit spüren. Die Lyrikerin Hilde Domin fasst dieses Gefühl so trefflich in Worte:

Auf Wolkenbürgschaft

Ich habe Heimweh nach einem Land,
in dem ich niemals war,
wo alle Bäume und Blumen
mich kennen,
in das ich niemals geh,
doch wo sich die Wolken
meiner
genau erinnern,
ein Fremder, der sich
in keinem Zuhause
ausweinen kann.

Ich fahre
nach Inseln ohne Hafen,
ich werfe die Schlüssel ins Meer
gleich bei der Ausfahrt.
Ich komme nirgends an.
Mein Segel ist wie ein Spinnweb im Wind,
aber es reißt nicht.
Und jenseits des Horizonts,
wo die großen Vögel
am Ende ihres Flugs
die Schwingen in der Sonne trocknen,
liegt ein Erdteil,
wo sie mich aufnehmen müssen,
ohne Pass,
auf Wolkenbürgschaft.